Intro a Bitcoin

Intro a Bitcoin

Esperanza para un mundo mejor

Erin E. Malone

Presentando contribuciones y gráficos

Por Sage Sokol-Lanting

Tabla de Contenido

Un Mundo Deflacionario
Un Mundo en Paz
Un Mundo Próspero
Teoría de Juegos

Expresiones de Gratitud

Gracias a Sage por mantenerme cuerdo y recordarme que debía comer y dormir durante todo este proceso. Gracias por permitirme intercambiar ideas contigo y por disuadirme de escribir sobre estrategias avanzadas de ejecución de nodos Lightning, gestión de UTXO, el Problema del General Bizantino y todos los temas técnicos que habrían hecho que la gente huyera de este libro.

Gracias a todos mis amigos y familiares que leyeron los primeros borradores y me brindaron valiosos comentarios.

Gracias a John por toda esa ayuda.

Y gracias a todos los increíbles educadores de Bitcoin que me ayudaron a comprender el tema.

PREFACIO

Escribí este libro para que mi madre entendiera Bitcoin. Lo escribí para todos mis amigos, cuyas miradas se quedan vidriosas en cuanto se menciona Bitcoin. Lo escribí para todos los que han dicho: "¿Y si el gobierno lo prohíbe?", "¿No es solo un esquema Ponzi?" o "Bitcoin es demasiado complicado para mí". Lo escribí para todos ellos.

Busqué por todas partes un buen libro introductorio para regalar, pero no existía. Así que me propuse escribir uno. Mi objetivo era crear una guía concisa y directa, sin tecnicismos; un libro que cualquiera pudiera entender y disfrutar fácilmente.

Este libro explora una amplia gama de temas, incluyendo la Red Lightning y las tecnologías de pago, cómo la minería de Bitcoin interactúa con los sistemas energéticos mundiales y el papel de Bitcoin en la promoción de los derechos humanos. También examina cómo han evolucionado nuestros sistemas monetarios, aborda mitos comunes sobre Bitcoin y explora las posibilidades futuras que ofrece su adopción. Espero que este libro les sirva como una introducción útil y accesible al comenzar su aventura con Bitcoin.

Introducción

¿Qué es Bitcoin?

Bitcoin es dinero.

Bitcoin es el primer dinero perfectamente diseñado con todos los atributos que hacen que el dinero sea atractivo sin ninguno de los defectos. Hoy, millones de usuarios en todo el mundo almacenan su riqueza en bitcoins y utilizan la red Bitcoin para enviar y recibir pagos entre pares, sin pasar por un tercero como un banco, un gobierno o una empresa.

Bitcoin es matemáticas.

Bitcoin es la culminación de más de cincuenta años de avances en criptografía. Muchos han intentado crear una moneda digital, pero Bitcoin fue el primero en combinar ingeniosamente todos los atributos óptimos del dinero y al mismo tiempo abordar todos los problemas sistémicos de cualquier moneda anterior. Básicamente, resolvió los problemas matemáticos y lógicos de los fracasos anteriores. El código base de Bitcoin, llamado Bitcoin Core, fue creado por un fundador anónimo llamado Satoshi Nakamoto. En medio de la gran crisis financiera de 2008, Satoshi publicó un libro blanco, un documento conciso de nueve páginas que describía las matemáticas, la codificación y los elementos funcionales de Bitcoin. Este código ha estado funcionando de manera confiable durante más de 15 años en millones de computadoras en todo el mundo.

Bitcoin es un sistema de reglas, no de gobernantes.

Una vez puesto en marcha el 3 de enero de 2009, con el Génesis bloque (el primer bloque de Bitcoin), se ha encontrado un bloque desde entonces, aproximadamente cada 10 minutos. Cada nuevo bloque contiene todas las nuevas transacciones enviadas por los usuarios que mueven bitcoins. Así es como todos los datos de las transacciones se almacenan en la cadena de bloques para siempre, y se guardan automáticamente en todas las computadoras del mundo que ejecutan el software Bitcoin Core. Es un sistema transparente donde cualquiera puede auditar cada transacción desde el primer bloque. El descubrimiento de bloques se realiza mediante un proceso llamado minería de Bitcoin, que consiste básicamente en adivinar números muy grandes para obtener una recompensa. Nos sumergiremos en la minería de Bitcoin en el Capítulo 2.

Bitcoin es el primer dinero libre de la influencia gubernamental.
Ningún gobierno, organización, empresa o persona controla Bitcoin. Esta es una de las características que separa a Bitcoin de cualquier otra moneda hoy en día.

Bitcoin es una red.

Desde el bloque Génesis, Bitcoin ha crecido exponencialmente. La red ahora consta de millones de usuarios que envían valor a todo el mundo. Hay cientos de miles de usuarios que ejecutan el software Bitcoin Core en sus computadoras. Cada computadora, o "nodo", ejecuta una copia de Bitcoin Core, que incluye tanto el conjunto de reglas que gobierna la red como el libro de contabilidad que registra cada transacción de bitcoin a lo largo del tiempo. Este libro de contabilidad, conocido como blockchain, es un registro público de todos los bloques que se han extraído. Garantiza la propiedad transparente al documentar a quién pertenece cada bitcoin. Estos nodos sirven como validadores para garantizar que todas las transacciones cumplan con las reglas de Bitcoin.

Cualquier transacción ilegal que no siga las reglas es rechazada.

Cualquiera puede optar por participar en este sistema. Es una red abierta, permitir que cualquier persona con un dispositivo conectado a Internet descargue una billetera, envíe o reciba bitcoins, ejecute un nodo o minar bitcoins sin necesidad de permiso. Un claro ejemplo de una red abierta de este tipo es Internet.

Glosario de Términos

1. **ASICs:** Los circuitos integrados de aplicación específica (ASIC) son computadoras diseñadas para un propósito único y específico.
2. **Cadena base/cadena principal:** La cadena de bloques principal de Bitcoin donde se registran todas las transacciones estándar. La cadena base mantiene propiedades fundamentales como el libro de transacciones, la emisión de nuevos bitcoins mediante la minería y el consenso descentralizado. Esta capa es fundamental para el funcionamiento de Bitcoin, ya que garantiza la seguridad e inmutabilidad de los datos. Se distingue de las capas adicionales como The Lightning Network, que mejoran la funcionalidad o la escalabilidad.
3. **'B' Bitcoin:** Bitcoin en mayúscula se refiere a Bitcoin, la red.
4. **'b' Bitcoin:** Bitcoin en minúscula se refiere a Bitcoin, el activo.
5. **Bitcoin Core:** El software oficial que ejecuta Bitcoin protocolo.
6. **Bloque:** conjunto de transacciones registradas durante un período de tiempo específico, documentadas permanentemente en la cadena de bloques mediante la minería. Cada bloque contiene una lista de transacciones recientes y hace referencia al bloque anterior, los mineros exitosos obtienen recompensas en bitcoins a partir del subsidio del bloque y las tarifas de transacción.
7. **Subsidio de bloque:** La cantidad de bitcoins que recibe un minero por minar con éxito un bloque. Esto no incluye los bitcoins recibidos por tarifas de transacción.
8. **Blockchain/Timechain:** Satoshi también la llamó "Timechain" y contiene un registro de cada bloque de Bitcoin extraído desde su creación. Cada bloque documenta todas las transacciones de ese momento y se encuentra, se le coloca una marca de tiempo y se agrega a la cadena aproximadamente cada 10 minutos.
9. **Efecto Cantillon:** Teoría económica que sugiere que la

creación de dinero beneficia desproporcionadamente a quienes están más cerca de la fuente de producción.

10. **Red Cerrada:** una red controlada y restringida a Sólo participantes autorizados.

11. **Emisión de Monedas:** Se otorgarán un total de 21 millones de bitcoins a los mineros como subsidios en bloque desde 2009 hasta 2140. Hasta ahora, se han minado más de 19 millones de bitcoins. La última moneda completa tardará alrededor de 40 años en extraerse.

12. **Monedero Frío:** un método altamente seguro para almacenar claves privadas sin conexión, lo que lo hace resistente a la piratería. La seguridad general también depende de la configuración específica y las prácticas de manejo. Un monedero frío generalmente se encuentra en un dispositivo de hardware seguro. Las transacciones se pueden firmar desde este dispositivo con la clave privada de uno.

13. **Consenso:** El proceso utilizado por los nodos de la red para acordar la validez de las transacciones, garantizando que la copia del libro de contabilidad distribuido de cada nodo sea la misma. Este sistema es crucial para mantener la integridad y la seguridad de la cadena de bloques.

14. **Cripto:** Forma abreviada de la palabra "criptomoneda", que ahora se utiliza como jerga para referirse a todas las demás monedas que no sean bitcoin.

15. **Espiral de Deuda:** Un círculo vicioso de endeudamiento cada vez mayor al pedir prestado más dinero para pagar deudas anteriores, similar a usar una Mastercard para pagar una Visa.

16. **Deflación:** Una disminución del nivel general de precios de bienes y servicios a lo largo del tiempo, que conduce a un aumento del poder adquisitivo del dinero.

17. **Ajuste de Dificultad:** Un mecanismo integrado en el protocolo de Bitcoin para regular la velocidad a la que se añaden nuevos bloques a la cadena de bloques, lo que garantiza un nuevo bloque aproximadamente cada 10 minutos. La dificultad de la minería de Bitcoin se ajusta cada

2016 bloques, o aproximadamente cada dos semanas, en función de la potencia informática total de la red. Si los mineros contribuyen colectivamente con más potencia informática, la dificultad aumenta para mantener el tiempo de bloque de 10 minutos. Si la potencia informática disminuye, la dificultad disminuye para mantener el mismo tiempo de bloque. Este ajuste ayuda a garantizar la estabilidad y la seguridad de la red de Bitcoin.

18. **Exahash:** Unidad de medida equivalente a un trillón de hashes por segundo, utilizada para cuantificar la potencia computacional en la minería de Bitcoin.

19. **Reserva Federal:** Sistema de banca central de la Estados Unidos, establecida en 1913. La "Fed" establece la política monetaria, regula los bancos, mantiene la estabilidad financiera y proporciona servicios financieros a las instituciones depositarias, al gobierno estadounidense y a instituciones oficiales extranjeras.

20. **Quema de Gas:** proceso de quema del exceso de gas natural, principalmente metano, que se libera durante la extracción de petróleo o de fuentes como los vertederos. Esta práctica convierte el metano, un potente gas de efecto invernadero, en CO_2, que tiene un menor potencial de calentamiento global. Sin embargo, las operaciones de quema de gas no son completamente eficientes; en promedio, liberan alrededor del 9% del metano no quemado a la atmósfera.

21. **Fiat:** Un decreto autoritativo. Fiat se refiere a la moneda emitida por el gobierno que no está respaldada por un producto físico, como el oro o la plata. En cambio, el valor de la moneda fiduciaria proviene principalmente de la confianza y la fe que las personas tienen en el gobierno que la emite. El término "fiat" significa "por decreto autoritativo" y en latín significa "hágase", lo que significa que la moneda tiene valor porque el gobierno decreta que sea de curso legal. Algunos ejemplos de monedas fiduciarias actuales incluyen el dólar, el peso, la lira, la libra, el euro, el yuan y el yen.

22. **FUD:** significa miedo, incertidumbre y duda. El término se utiliza a menudo para describir la difusión de información falsa o engañosa para influir en la percepción.

23. **Teoría de Juegos:** El estudio de la toma de decisiones estratégicas, considerando las acciones interdependientes de múltiples tomadores de decisiones. En el contexto de Bitcoin, analiza las interacciones estratégicas entre los participantes de la red, especialmente los mineros, explorando cómo pueden maximizar las recompensas bajo las reglas de la red. También considera la teoría de juegos de adopción, donde los individuos son incentivados a unirse y apoyar la red, mejorando su valor y seguridad generales. Este estudio incluye el análisis de los incentivos de los mineros, las acciones probables, el entorno competitivo y los incentivos para que los nuevos usuarios adopten Bitcoin.

24. **Bloque Génesis:** El primer bloque de Bitcoin minado en 3 de enero de 2009, por Satoshi Nakamoto. Entre los datos sin procesar, incluyó el mensaje "The Times 03/Jan/2009 El Canciller al borde de un segundo rescate para los bancos", que era el titular del periódico The Times, con sede en Londres, ese día.

25. **Red: (Eléctrica):** Una vasta red de centrales eléctricas, líneas de transmisión y sistemas de distribución que entregan electricidad de los productores a los consumidores. Lo más probable es que su hogar esté conectado a esta red, que es como recibe electricidad.

26. **El Halving:** Aproximadamente cada cuatro años, o 210.000 bloques, el subsidio por bloque se reduce a la mitad. El subsidio por bloque comenzó con 50 bitcoins por bloque, luego pasó a 25 cuatro años después y así sucesivamente. Estoy escribiendo esta definición el día del cuarto halving, el 19 de abril de 2024, cuando el subsidio por bloque cambió de 6,25 a 3,125 bitcoins. El proceso continuará hasta que se extraigan los 21 millones de bitcoins alrededor del año 2140. Habrá 32 halvings en total.

27. **Hashrate:** una medida de la potencia computacional por segundo utilizada para minar y procesar transacciones en una cadena de bloques de prueba de trabajo como Bitcoin.

28. **Billetera Caliente:** una billetera conectada a Internet. Puede facilitar las transacciones, pero presenta un mayor riesgo en comparación con las billeteras frías (billeteras fuera de línea) debido a posibles vulnerabilidades de seguridad en línea.

29. **Hiperinflación:** Una tasa de inflación extremadamente alta y generalmente acelerada, que a menudo supera el 50% mensual, lo que conduce a una rápida disminución del poder adquisitivo de la moneda.

30. **Inflación:** Tasa a la cual aumenta el nivel general de precios de bienes y servicios, erosionando el poder adquisitivo y reflejando una disminución del valor de una moneda a lo largo del tiempo.

31. **The Lightning Network:** Un protocolo de pago de "segunda capa" que opera sobre Bitcoin. Permite transacciones en fracciones de segundo y permite que Bitcoin escale al manejar transacciones fuera de la cadena de bloques principal.

32. **Metano:** Un potente gas de efecto invernadero que atrapa el calor a un ritmo 84 veces mayor que el CO_2 durante los primeros 20 años y 28 veces más calor que el CO_2 durante los siguientes 100 años a medida que se descompone. Los pozos petrolíferos, los vertederos y la agricultura emiten metano como subproducto de sus operaciones.

33. **Microrred:** Redes eléctricas de pequeña escala que operan independientemente de la red principal para distribuir electricidad a áreas localizadas.

34. **Micropagos:** pagos muy pequeños. En el Lightning Red, estos pagos se realizan en sats o milisats, que hoy valen una fracción de centavo. Los micropagos son excelentes para dar propinas en las redes sociales o transmitir pequeños pagos a creadores de contenido.

35. **Millisat:** 1/1000 de un satoshi. Como hay 100.000.000 de satoshis en un bitcoin, hay 100 mil millones de milisats en un

bitcoin.

36. **Minero:** Se refiere a la computadora ASIC (circuito integrado de aplicación específica) utilizada para minar bitcoin, o al individuo que posee y opera dicho dispositivo.

37. **Pool de Minería:** Un grupo colectivo de mineros de Bitcoin que combinan su tasa de hash para aumentar la probabilidad de minar un bloque, lo que brinda a cada uno una parte más consistente de las recompensas que la minería sola.

38. **Dinero:** Un sistema de creencias compartidas en el que el valor y la utilidad son reconocidos y aceptados colectivamente por la sociedad. El dinero no es valioso en sí mismo, pero se vuelve valioso porque las personas acuerdan usarlo como reserva de valor, medio de intercambio y unidad de cuenta. Este consenso permite que el dinero facilite las transacciones y coordine la actividad económica de manera efectiva.

39. **Nodo:** Un nodo es una computadora conectada a la red Bitcoin que ejecuta Bitcoin Core para validar transacciones y bloques, manteniendo la integridad y seguridad de la cadena de bloques.

40. **Red Abierta:** Una red a la que cualquier persona puede acceder. Sin ningún criterio restrictivo de participación, permite el libre flujo de información o transacciones y no está controlado por una única entidad o grupo, promoviendo la inclusión y colaboración entre sus usuarios.

41. **Orden 6102:** Orden ejecutiva firmada por el presidente estadounidense Franklin D. Roosevelt el 5 de abril de 1933. Esta orden requería que los ciudadanos estadounidenses entregaran todas las monedas de oro, lingotes de oro y certificados de oro que tuvieran a la Reserva Federal, a cambio de 20,67 dólares por onza troy. Esta medida permitió al gobierno inflar la moneda. Satoshi Nakamoto indicó que su cumpleaños era el 5 de abril, y cada ajuste de dificultad es de 2016 bloques, o la Orden 6102 al revés.

42. **Petrodólar:** Práctica de vender petróleo crudo en dólares estadounidenses, estándar establecido en la década de 1970

tras acuerdos entre el gobierno de Estados Unidos y los países productores de petróleo. Este sistema refuerza el dominio del dólar estadounidense en la economía global, requiriendo que los países importadores de petróleo mantengan grandes reservas de dólares para facilitar el comercio.

43. **Prueba de Trabajo:** Un mecanismo de consenso descentralizado que requiere que los miembros de la red gasten una tasa de hash para resolver un número muy grande y cifrado, lo que garantiza la seguridad de la red. Contribuir con hashrate requiere un gasto de energía e implica costos en el mundo real.

44. **Clave Pública/Privada:** una herramienta criptográfica en Bitcoin para Facilitar la seguridad de las transacciones. La clave pública se comparte abiertamente y se utiliza para recibir fondos, mientras que la clave privada se mantiene en secreto y se utiliza para firmar transacciones, lo que demuestra la propiedad de los bitcoins. Almacenar una clave privada en un dispositivo conectado a Internet crea vulnerabilidades de seguridad.

45. **Pagos de Remesas:** Transferencias de dinero realizadas por trabajadores extranjeros a personas en su país de origen, a menudo una fuente vital de ingresos para las familias en las regiones en desarrollo.

46. **Satoshis o "Sats":** Una unidad más pequeña de bitcoin. Un bitcoin es divisible en 100 millones de satoshis.

47. **Palabras Semilla:** una secuencia de 12 o 24 palabras generadas por una billetera de Bitcoin, que proporciona la información necesaria para recuperar fondos de Bitcoin en caso de pérdida o daño de la billetera. Almacenar estas palabras en un dispositivo conectado a Internet plantea riesgos de seguridad.

48. **Energía Varada:** energía producida en zonas remotas, alejadas de las redes eléctricas y de las poblaciones humanas, que no puede consumirse localmente. Esta energía permanece sin utilizarse porque su transmisión a zonas pobladas no es

rentable o resulta técnicamente difícil.

49. **No Bancarizado:** personas que carecen de acceso a servicios bancarios tradicionales, como cuentas bancarias o crédito. Entre las razones de ello se encuentran las barreras geográficas, la falta de documentación o la exclusión económica.

50. **Sesgo de Unidad:** un sesgo cognitivo en el que las personas prefieren poseer unidades enteras en lugar de fracciones. Evalúan el valor de un artículo en función de su precio por unidad en lugar de su valor de mercado general, y con frecuencia pasan por alto factores críticos como la oferta total, la capitalización de mercado y el valor fundamental. Por ejemplo, mientras que algunos pueden dudar en comprar un bitcoin completo con un precio de $ 70,000, pueden optar por comprar 1,000 monedas menos conocidas a un centavo cada una, percibiendo un mayor valor en la adquisición. más unidades.

Parte 1

Bitcoin: Una Nueva Esperanza

Creo que Bitcoin es la mayor y más importante innovación desde la creación de Internet. La primera parte trata sobre todo lo que me cautiva de Bitcoin, todos los aspectos que considero innovadores y que cambian el mundo, y todo lo que creo que deberías saber antes.

Capítulo 1

The Lightning Network

"Lo que Internet hizo por la comunicación, Bitcoin y The Lightning Network lo están haciendo por el dinero".

Jack Mallers, Director ejecutivo de Strike

Nuestro sistema monetario global actual es un dinosaurio anticuado, lento y torpe, lleno de obstáculos y bloqueos, que carece de la velocidad y la accesibilidad esenciales para el panorama financiero nacional y global de hoy. ¿Es Bitcoin la solución? Bitcoin no es una empresa. Nadie controla Bitcoin. Funciona como un sistema de código abierto mantenido por millones de usuarios en todo el mundo, sin ninguna autoridad central que lo controle. Ninguna otra moneda, token o divisa comparte estas características únicas.

En el pasado, Bitcoin ha enfrentado críticas por su tiempo de procesamiento de transacciones relativamente lento, que toma un promedio de 10 minutos. Esto es intencional.

FUD (miedo, incertidumbre y duda) #1:
Bitcoin es lento. Se necesitan una media de 10 minutos para enviar una transacción.

La solución a este tiempo de procesamiento "lento" es la Lightning Network, que mueve dinero sin problemas a la velocidad de la luz.

Dinero a la Velocidad de la Luz

The Lightning Network es Bitcoin. Ofrece un método de pago rápido y sin fricciones para sus usuarios, similar a las tarjetas de crédito. Con The Lightning Network, puedes enviar Bitcoin instantáneamente y casi gratis (si no gratis, al menos por fracciones de centavo) a cualquier parte del mundo. Bitcoin es un sistema abierto, seguro y sin permisos. Esto significa que cualquiera puede crear o descargar una billetera de bitcoins para enviar o recibir bitcoins. Cualquiera puede usar Bitcoin y The Lightning Network sin permiso, independientemente de dónde viva o de su situación económica.

En la actualidad, el dinero en todo el mundo opera en sistemas cerrados. Pensemos en Venmo, PayPal, Zelle y Revolut. Todas estas empresas y sistemas solo pueden enviar dinero dentro de su propia red. No se puede enviar dinero de Venmo a Zelle ni de Zelle a PayPal; las transacciones deben realizarse dentro del mismo sistema. Si alguien en los EE. UU. quiere enviar dólares o cualquier otro papel moneda a alguien en Zimbabue, sería casi imposible a menos que transportara físicamente el dinero hasta esa persona y de alguna manera lograra pasar ileso por la aduana.

Enviar dinero a nivel internacional es casi imposible sin recurrir a un tercero, lo que suma costos adicionales y requiere largos tiempos de procesamiento. Por ejemplo, usar un servicio como Western Union para enviar dinero desde los EE. UU. a México puede costar hasta $45 en tarifas de transferencia, más cualquier tarifa de cambio o bancaria, y la liquidación puede demorar hasta cinco días[1]. Tarifas puede ser mucho más alto para otras monedas. La comisión bancaria por sí sola supera el 10% cuando se envía dinero a Afganistán. Si se tienen en cuenta las comisiones de transferencia y cambio, el destinatario final recibe solo una fracción de lo enviado.[2] Incluso las transferencias de banco a banco dentro de los EE. UU. pueden demorar hasta cinco días hábiles en liquidarse o pueden no estar interconectadas en absoluto. Como propietario de un negocio, siempre he tenido problemas para enviar dinero de un banco a otro en los EE. UU.

Hoy en día, hay empresas que utilizan The Lightning Network como infraestructura de pago para hacer un puente instantáneo entre monedas.[3] Alguien en los EE. UU. podría enviar $100 a través de The Lightning Network usando la aplicación Strike y, un segundo después, alguien en México podría recibir la cantidad equivalente en pesos. La liquidación final se produce en apenas un segundo y las tarifas pueden equivaler a menos de un centavo. Bitcoin y The Lightning Network son la red abierta y altamente líquida que permite que esto suceda.

Western Union, una de las mayores empresas internacionales de transferencia de dinero que existen en la actualidad, generó 4.350 millones de dólares en ingresos en 2023 por comisiones y más de 5.000 millones en 2021.[4] Cualquiera que envíe dinero a su familia está perdiendo una parte importante de sus ingresos al utilizar estos servicios abusivos.

Creo que Bitcoin y The Lightning Network son abiertas. Sistema que necesitamos solucionar. Imaginemos si el valor pudiera transferirse instantáneamente y sin problemas a todo el mundo. Vivimos en una sociedad global y necesitamos una forma de dinero que se adapte a nuestras necesidades.

Si el propietario de un negocio acepta tarjetas de crédito como pago, Las compañías de tarjetas de crédito cobran un

3% o más por cada transacción. Sin embargo, si una empresa aceptara bitcoins mediante The Lightning Network, esta tarifa podría reducirse a casi nada. Incluso podrían ofrecer un descuento del 2% a los clientes por usar The Lightning Network y aún así ahorrar dinero. Además, mientras que los pagos con tarjeta de crédito pueden tardar entre 2 y 5 días hábiles en liquidarse, The Lightning Network se liquida instantáneamente.

FEATURES	LIGHTNING NETWORK	CREDIT CARDS	BANKS	PAPER CURRENCY $
Settlement Time	INSTANT	2-5 BUSINESS DAYS	2-5 BUSINESS DAYS	INSTANT
Transaction Fee	NEAR 0%	3%	$15-50 (wire transfer)	$0
Chargebacks	0%	.6%	1% (bounced checks)	0%
System	OPEN	CLOSED	CLOSED	EITHER OPEN OR CLOSED (location dependent)
Global Access	YES	NO	NO	NO
Digitally Native	YES	YES	IN BETWEEN ANALOG AND DIGITAL	NO

Figura 1.1

Con The Lightning Network, puedes comprar un café al instante usando bitcoins con tarifas casi nulas. Antes de Lightning Cuando se implementó Lightning, gastar bitcoins demoraba un promedio de 10 minutos y las tarifas eran más altas para pagos pequeños. Todas las transacciones se realizaban en la cadena principal, que está optimizada para la seguridad, no para pagos rápidos. Lightning introdujo una segunda capa que se construiría sobre este modelo seguro, optimizando los pagos instantáneos mientras se sigue utilizando el activo subyacente: bitcoin. Internet está construida de manera similar, con una primera capa segura (TCP/IP) sobre la que se construye todo lo demás, como los sitios.

Otra forma interesante en la que la gente usa Lightning es mediante la "transmisión de sats". Retrocedamos un poco. ¿Qué es un "sat"? Un bitcoin se puede dividir en 100 millones de piezas llamadas satoshis, también conocidos como "sats". En The Lightning Network, los sats se pueden dividir aún más en 1000 unidades llamadas milisats. Al momento de escribir esto, 1 centavo equivale a 15 sats o 15 000 milisats [5]

Cuando el precio de bitcoin alcance 1 millón de dólares por moneda, **1 sat** equivaldrá a **1 centavo**.

Micropagos

Empresas como Fountain Podcasts utilizan The Lightning Network para ofrecer   una plataforma donde los creadores pueden subir sus podcasts. Los usuarios pueden "transmitir sats" como pago por escuchar y tienen la opción de elegir la cantidad de sats que desean transmitir; por ejemplo, pueden decidir transmitir 5 sats por cada minuto de escucha. De esta manera, los oyentes pueden enviar a sus creadores favoritos algunos centavos en sats como agradecimiento por su contenido. Además, los oyentes tienen la oportunidad de ganar sats al suscribirse a anuncios.

¿Cuántas veces te has encontrado con un muro de pago? Intentas leer un artículo o ver un vídeo, pero te ves obligado a suscribirte durante un mes o un año, a pasar por un largo y costoso proceso de registro, solo para leer un artículo—todo mientras te bombardean con anuncios. Los sats de streaming pueden solucionar este problema. ¿Qué pasaría si estos muros de pago dijeran: "Por cada minuto que pases leyendo este artículo o viendo este vídeo, debes hacer 10 sats de streaming"? ¿No estarías más inclinado a leer el artículo o ver un vídeo por menos de un centavo? Podrías integrar una billetera Lightning en tu navegador web y configurarla como tu billetera de streaming. Al financiar esta billetera con $5 en sats, podrías acceder a contenido durante semanas. A través de estos micropagos, los autores reciben un pago y más personas se animan a leer, ver, escuchar o compartir su trabajo, y puede ser una alternativa a los ingresos por publicidad.

Los micropagos también pueden revolucionar las redes sociales. ¿Alguien publicó algo que te encantó? Dale una propina. Los protocolos de redes sociales de código abierto como Nostr ya lo han hecho. ¿Has integrado esta función? ¿Has visto un vídeo increíble en YouTube? Dales una propina de 100 sats.

Lightning ha solucionado no solo los pagos locales de bienes y servicios, sino también los pagos globales y digitales a través de Internet. Devuelve el poder a los usuarios sin necesidad de recurrir a intermediarios costosos. Lightning ofrece un sistema actualizado, más rápido y más económico para una economía global. En un mundo donde los mensajes y la información viajan por todo el mundo en segundos, Lightning garantiza que nuestro dinero se mueva tan rápido como nuestras palabras.

Capítulo 2

Minería y Energía de Bitcoin

FUD #2:
Bitcoin usa demasiada energía/usar energía es malo.

¿Qué pasaría si te dijera que Bitcoin podría generar energía barata, abundante y renovable para el planeta?
Suena bastante bien, ¿verdad? Ten paciencia mientras te doy una breve introducción a la minería sin profundizar demasiado en los detalles técnicos.

L os mineros de Bitcoin, también conocidos como circuitos integrados específicos de la aplicación (ASIC), son simplemente computadoras diseñadas para un único propósito. Aseguran la red de Bitcoin aplicando su poder de cómputo para adivinar números aleatorios muy grandes, un proceso conocido como hash. Si una computadora adivina, o "hash", el número correcto, recibe un pago en bitcoins. Al hacer el hash de ese número correctamente, encuentran el siguiente bloque en la cadena que los recompensa con un subsidio de bloque y las tarifas de las transacciones incluidas en ese bloque. Aunque su actividad implica "adivinar" números, su enfoque para encontrar el número correcto es sistemático.

Luego, el minero transmite el nuevo bloque a la red. La red consta de cientos de miles de usuarios en todo el mundo que ejecutan nodos de Bitcoin: computadoras que ejecutan el software de Bitcoin conocido como Bitcoin Core. El bloque transmitido por el minero luego es verificado por los nodos de Bitcoin para garantizar que cumple con los criterios requeridos y que todas las transacciones incluidas en el bloque son válidas.

Bitcoin es una red abierta, lo que significa que cualquiera puede ejecutar un nodo en su computadora o conectar un ASIC para minar Bitcoin. Los mineros suelen formar parte de grupos de minería que combinan su poder de hash para recibir pagos más pequeños con mayor frecuencia, de forma similar a la unión de fuerzas en un billete de lotería. Cuando el grupo mina con éxito un bloque, la recompensa se divide entre los miembros del grupo según la cantidad de poder de hash aportado cada uno. Esto permite que los mineros individuales reciban pagos más predecibles y frecuentes en comparación con la minería sola.

Satoshi Nakamoto, el creador anónimo de Bitcoin, se refirió a la cadena de bloques como una "cadena de tiempo". Cada 10 minutos en promedio, se encuentra otro bloque y se le coloca una marca de tiempo y se agrega a la línea de tiempo. La cadena de bloques contiene un registro de cada bloque de Bitcoin minado desde el inicio, y cada bloque contiene todas las transacciones de ese momento en el tiempo.

Figura 2.1 Fuente: mempool.space

Puedes mirar atrás en el tiempo y verlo por ti mismo en timechaincalendar.com o ver bloques en vivo que se extraen en mempool.space.

Millones de mineros en todo el mundo están realizando un número extraordinariamente alto de intentos cada segundo. Este hash es el sistema de seguridad de Bitcoin y requiere una enorme cantidad de energía. Nadie puede romper las reglas de Bitcoin debido a este sistema de seguridad. La seguridad de Bitcoin aumenta con el hashrate y la distribución global de este hashrate—cuantas más personas adivinen estos números aleatorios muy grandes en todo el mundo, más segura se vuelve la cadena de bloques. Esto se debe a que alterar cualquier información en la cadena de bloques requeriría que un atacante rehiciera el trabajo de minería, no solo el último bloque, sino todos los bloques posteriores a un ritmo más rápido que el resto de la red. Esto requeriría una inmensa cantidad de poder computacional, que excedería el 50% del hashrate global actual, también conocido como un "ataque del 51%". Una tasa de hash alta hace que este tipo de ataque sea poco práctico, costoso y casi imposible. Hablaremos del ataque del 51% más adelante en este capítulo.

La distribución global de hash permite la resistencia contra ataques estatales o geopolíticos. Si un país intenta prohibir o suprimir a los mineros regionales de Bitcoin, es probable que estos individuos se trasladen a jurisdicciones más favorables, como se observó durante la breve prohibición de la minería en China en 2021.[6] . Del hashrate migró a Texas y Kazajstán durante este corto período, conocido por algunos como "La Gran Migración del Hash,"[7]

Este es el hashrate de Bitcoin a lo largo del tiempo:

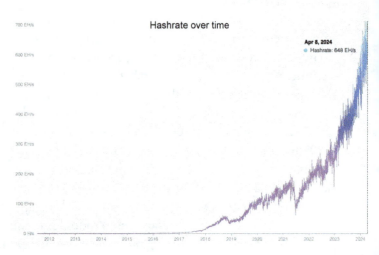

Figura 2.2 Fuente: mempool.space[8]

La tasa de hash global de Bitcoin ronda los 600 exahashes por segundo, o 600 trillones de conjeturas por segundo en el momento de escribir este libro. Todos estos hashes requieren un gasto de energía y generan costos reales. Los mineros deben comprar ASIC y pagar por su consumo de energía. Este gasto de esfuerzo para encontrar el número correcto y lograr un consenso dentro de la red se conoce como prueba de trabajo.

Exploremos cómo Bitcoin puede ayudar a crear energía asequible y reducir las emisiones de gases de efecto invernadero al capturar metano que de otro modo se escaparía a la atmósfera.

Energía Varada:

La minería de Bitcoin es una industria altamente competitiva y los mineros deben buscar la electricidad de menor costo para ser rentables. La electricidad de menor costo tiende a provenir de fuentes de energía renovables y/ o varada. Esta energía suele ser barata, gratuita o, en algunos casos, los mineros incluso pueden recibir un pago por usarla.

La energía varada a se refiere a la energía que se produce pero que no se puede consumir porque se genera en áreas remotas, lejos de las redes eléctricas y de las poblaciones humanas. Muchas fuentes de energía renovable, como la eólica, la hidroeléctrica, la geotérmica y la solar, a veces se consideran energía abandonada. Esta energía está "varada" porque transmitir esa energía no es rentable o es técnicamente complicado. La energía varada también puede referirse a recursos energéticos sin explotar. Por ejemplo, la energía hidroeléctrica de una cascada en lo profundo de la jungla, la energía geotérmica de un géiser en una zona montañosa aislada o el gas natural de un pozo petrolífero en alta mar, todos ellos quedan sin explotar si no se cuenta con la infraestructura necesaria para capturarlos, transportarlos y utilizarlos.

Pozos de Petróleo

El metano representa aproximadamente el 25% del efecto del calentamiento. de gases de efecto invernadero en nuestro planeta.[9] El metano es un poderoso gas de efecto invernadero que atrapa el calor a un ritmo 84 veces mayor que el CO_2 durante los primeros 20 años y 28 veces mayor que el CO_2 durante los siguientes 100 años a medida que se descompone.

Los pozos petrolíferos emiten metano como subproducto de sus operaciones. Sólo en Estados Unidos hay aproximadamente un millón de pozos petrolíferos activos y otros dos o tres millones de pozos petrolíferos abandonados que emiten metano.[10]

Si un pozo petrolero está cerca de una zona poblada, los productores de petróleo tienen la capacidad de vender el metano producido a la red eléctrica en forma de electricidad. Desafortunadamente, esta práctica es no es algo habitual. Muchos de estos pozos activos y abandonados están perdiendo metano a un ritmo alarmante. La Agencia de Protección Ambiental de Estados Unidos (EPA) estima que entre los 23 millones de sitios abandonados, se liberan 280.000 toneladas métricas de metano cada año, lo que equivale a las emisiones de gases de efecto invernadero de 1,7 millones de automóviles. En muchos sitios de pozos petrolíferos en funcionamiento, el metano se quema, es decir, se libera como CO_2, un gas de efecto invernadero menos potente. La tasa media de eficiencia de conversión de CO_2 de la quema es del 91%, lo que significa que el otro 9% del metano sigue escapándose a la atmósfera.[11]

Un estudio publicado en la revista Science concluyó que el bajo rendimiento de la quema de gas en la producción de petróleo y gas es responsable de generar un exceso de contaminación por metano cada año, equivalente al impacto climático de aproximadamente 8,8 millones de automóviles.[12] En Ángeles hay 7,5 millones de automóviles, la ciudad con mayor número de automóviles en los EE.[13] UU. En general, la EPA estima que alrededor de 6,5 millones de toneladas métricas de metano se filtran de las cadenas de suministro de petróleo y gas en los EE. UU. cada año, lo que equivale a las emisiones de más de 136 millones de automóviles, o la mitad de todos los automóviles en los EE. UU. hoy.[14,15]

Vertederos

Mientras que los pozos de petróleo representan el 32% de todas las emisiones de metano En Estados Unidos, los vertederos representan más del 14 %.[16] Un estudio aéreo reciente mostró que más de la mitad de todos los vertederos de Estados Unidos tenían fugas de metano.[17] El país tiene 3000 vertederos activos y 10 000 vertederos cerrados, todos ellos contribuyendo a las emisiones de metano, y los sitios cerrados podrían emitir metano durante más de 30 años.[18]

Los vertederos tienen el mismo potencial que los pozos petrolíferos para convertir metano en electricidad y conectarlo a la red eléctrica que alimenta los hogares de las personas, o quemarlo mediante quema. No hay datos sobre qué porcentaje de vertederos hacen esto realmente, pero dado que más de la mitad tienen fugas de metano, supongo que la mitigación del metano está lejos de ser óptima.

Se supone que los pozos de petróleo y los vertederos queman metano. No siempre ocurre. Incluso cuando se implementa la quema, los costos de instalación pueden alcanzar millones de dólares. La EPA tiene dificultades para hacer cumplir las regulaciones para la mitigación del metano y muchas empresas de vertederos y petroleras prefieren pagar multas que invertir millones en infraestructura de quema.

Entran en escena los mineros de Bitcoin. Los mineros de Bitcoin tienen la capacidad única de ser consumidores móviles de energía, buscando activamente la energía más barata. Pueden instalarse en pozos petrolíferos remotos o vertederos, convirtiendo el metano que de otro modo se desperdiciaría en electricidad para alimentar sus operaciones mineras. Lo más importante es que los mineros utilizan generadores eléctricos para convertir el metano en CO_2 con una tasa de eficiencia del 99,89% en comparación con la tasa del 91% de los métodos de quema tradicionales.[19]

Se incentiva a las empresas petroleras y de vertederos a asociarse Los mineros de Bitcoin son una solución rentable, si no rentable, para su problema de emisiones de metano. Por primera vez en la historia, es posible monetizar la eliminación de metano de fuentes abandonadas y varadas, todo gracias a Bitcoin.

Este gráfico ilustra cómo, en lugar de quemar metano de un pozo de petróleo, se puede canalizar hacia un generador para crear electricidad que alimente el proceso de minería de Bitcoin:

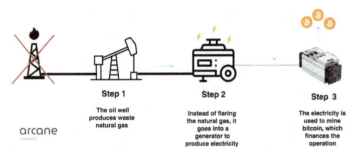

Figura 2.3 Fuente: Arcane Research "Cómo la minería de Bitcoin puede transformar la industria energética"[20]

O bien, canalice esa electricidad a la red si no se encuentra en una ubicación remota.

Residuos de vertedero → Extracción de metano → Motor de gas y generador eléctrico → Red → Hogares y empresas utilizan la electricidad

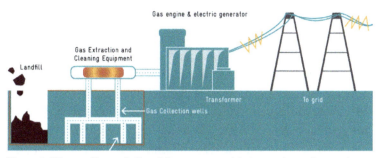

Figura 2.4 Fuente: Research Gate "Componentes del sistema de gas de vertedero con producción de energía"[21]

Un informe de la Casa Blanca de 2022 sobre minería y clima afirma: "Las operaciones mineras que capturan el metano emitido para producir electricidad pueden producir resultados positivos para el clima, al convertir el potente metano en CO_2 durante la combustión".[22]

Infraestructura Energética

En 2021, el 43% de los africanos (alrededor de 600 millones de personas) no tenían acceso a la electricidad. La falta de infraestructura en las aldeas remotas, los fondos inadecuados y la corrupción constante son responsables de esta asombrosa cifra. La minería de Bitcoin puede solucionar este problema.

Entra Gridless, una empresa que aprovecha fuentes remotas de energía hidroeléctrica, geotérmica y biomasa en África. Pueden canalizar esta energía renovable en microrredes, creando redes eléctricas de pequeña escala que operan independientemente de la red principal para distribuir electricidad a áreas localizadas. Estos proyectos se financian a través de la minería de Bitcoin, que utiliza el excedente de energía y crea una demanda constante, a menudo denominada comprador de último recurso. El Bitcoin extraído contribuye a financiar la construcción y el mantenimiento de estas microrredes.

Las microrredes proporcionan electricidad asequible, empleos y, a menudo, infraestructuras como carreteras y conectividad a Internet a estas poblaciones remotas. Al minar Bitcoin, Gridless puede monetizar la construcción de estas microrredes en toda África, convirtiendo la energía estancada en moneda. Por primera vez, las empresas energéticas tienen incentivos para aprovechar estas fuentes de energía remotas y construir microrredes para apoyar a las poblaciones locales.

Desde Gridless:

> Existe una inmensa demanda de energía confiable, limpia y asequible en toda África, pero los generadores de energía de minirredes luchan por lograr la sostenibilidad. Gridless trabaja con generadores de energía renovable, rurales y de minirredes para monetizar la capacidad total de su producción como comprador de último recurso, además de servir como inquilino ancla para la creación de nueva generación de energía.[23]

El Parque Nacional de Virunga, el más antiguo de África, está utilizando mineros de bitcoins para financiar las operaciones de una fábrica de chocolate. El Foro Económico Mundial informa que "la mina funciona con energía limpia proveniente de las tres centrales hidroeléctricas de Virunga. La fábrica utiliza el exceso de electricidad para procesar los granos de cacao… mientras que los bitcoins que extrae pagan los salarios y la infraestructura. La fábrica de chocolate capacita y emplea a trabajadores locales".[24]

Antes de la minería de Bitcoin, no había suficiente demanda de electricidad en estos lugares como para justificar el costo de construir microrredes. Como compradores móviles de último recurso, los mineros de Bitcoin ahora pueden consumir toda la energía no utilizada. Este avance no solo hace que la construcción de microrredes sea rentable y efectiva en función de los costos, sino que también amplía el alcance de la electricidad asequible a más regiones, lo que brinda oportunidades económicas vitales para la comunidad.

Existe una correlación directa entre el consumo de energía per cápita y las mejoras en el bienestar humano, como lo demuestra la mayor esperanza de vida y el aumento del producto interno bruto (PIB).[25,26] Los beneficios secundarios de resolver el acceso a la electricidad incluyen: mejorar la infraestructura, como las carreteras y el acceso a Internet, y brindar empleo a las poblaciones locales.

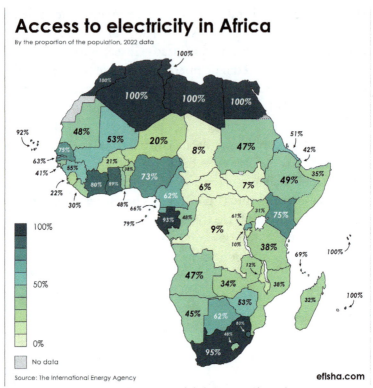

Figura 2.5 Fuente: Agencia Internacional de la Energía. Ilustrado por efisha.com.[27]

Rejillas
La Gran Helada de Texas

En febrero de 2021, Texas enfrentó tres grandes tormentas invernales que desencadenó la mayor falla de la infraestructura energética del estado en su historia. Esta crisis dejó a 4,5 millones de hogares y empresas sin electricidad, lo que provocó escasez de alimentos, agua y calefacción. Al menos 246 personas murieron.

Las principales razones de esta falla fueron la falta de una adecuada preparación para el invierno de las centrales eléctricas y la incapacidad de la red para manejar el exceso de demanda de energía necesaria para calentar los hogares en temperaturas gélidas. Contrariamente a los informes iniciales, las fuentes de energía renovables no fueron la causa de la crisis; las energías renovables siguieron funcionando durante las tormentas.[28]

Apagones continuos ocurren diariamente en todo el mundo debido a una infraestructura de red deficiente que no puede generar suficiente energía ni adaptarse a los niveles fluctuantes de demanda. Estos desafíos se ven exacerbados aún más por condiciones climáticas extremas, como calor intenso o frío extremo, que a menudo resultan en muertes.

Desde las tormentas de febrero de 2021, Texas ha experimentado una importante afluencia de mineros de Bitcoin de todo el mundo, atraídos por las oportunidades de energía eólica y solar baratas en el este de Texas. Esta migración ha provocado una sobreconstrucción de la generación de energía más allá de las necesidades de demanda típicas, lo que permite una mayor flexibilidad en el uso, especialmente durante las tormentas. En respuesta a los períodos de alta demanda de energía, los mineros tienen la capacidad de apagar instantáneamente sus ASIC, redirigiendo la electricidad a la red en tiempo real. Las compañías eléctricas de Texas tienen incentivos para producir más energía ya que ahora hay un comprador de último recurso: los mineros de Bitcoin.

Esta dinámica permite una mayor generación de energía y la Ampliación de la infraestructura de la red para satisfacer de manera confiable los requisitos de energía, independientemente de las fluctuaciones de la demanda. No más apagones continuos, no más inseguridad energética, no más muertes innecesarias.

"Los mineros de Bitcoin pueden utilizar el exceso de energía durante la noche y en días en que la demanda es normal, y pueden apagarse en días muy calurosos o muy fríos cuando la energía es escasa y los precios de la electricidad son altos".

-Lee Bratcher, presidente del Consejo Blockchain de Texas[29]

En agosto de 2023, la empresa minera de Bitcoin Riot Platforms informó que había apagado el 95% de sus mineros durante las olas de calor más duras del verano.[30] Esta acción ayuda a prevenir apagones continuos o caídas de tensión programadas, que pueden ocurrir cuando el consumo excede la capacidad de generación.

Empresas como Riot incluso han negociado créditos de respuesta a la demanda como parte de sus acuerdos de energía. Esto se debe a que las compañías eléctricas les pagan por no usar electricidad. Si los mineros tienen que apagarse para reducir las necesidades de energía de la red, pueden seguir siendo rentables incluso sin minar Bitcoin. Este tipo de acuerdos de respuesta a la demanda permiten no solo a los mineros, sino también a las empresas de servicios públicos planificar y gestionar sus operaciones de forma más eficaz.

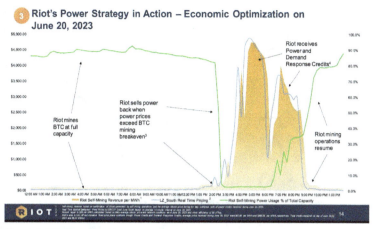

Figura 2.6 Fuente: Riot[31]

Las fuentes de energía intermitentes, como la solar y la eólica, tienen Tradicionalmente, la energía solar ha sido un problema para las redes eléctricas porque solo generan energía cuando brilla el sol o sopla el viento. ¿Qué sucede cuando esta energía se genera durante períodos de baja demanda? Tradicionalmente, se desperdiciaría. Ahora, con La minería de Bitcoin actúa como comprador de último recurso, por lo que existe una demanda flexible de esta energía. Esta dinámica permite la expansión de las fuentes de energía renovables, haciéndolas más viables y rentables al garantizar que siempre haya un mercado para la electricidad que generan.

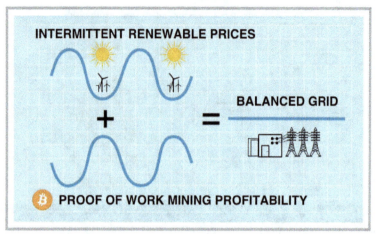

Figura 2.7 Fuente: @level39[32]

El consejo de minería de Bitcoin (BMC) informó que el 59,9% de los mineros de Bitcoin a nivel mundial utilizan una combinación de energía sostenible.[33] Debido a su adaptabilidad, los mineros de Bitcoin buscan las formas de energía más baratas, que tienden a ser fuentes renovables. Como resultado, los mineros utilizan un mayor porcentaje de energía renovable en comparación con otras industrias o países.

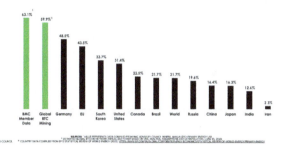

Figura 2.8 Fuente: Consejo de Minería de Bitcoin[34]

El equilibrio de la rejilla se produce en tiempo real para satisfacer la demanda, y la capacidad de encender y apagar instantáneamente los mineros de bitcoin ofrece una flexibilidad única que no tienen comparación con otros sistemas. Las plantas de energía de pico, que se construyen y utilizan para satisfacer la demanda máxima de electricidad, utilizan principalmente gas natural, que es un precio elevado, permanecen inactivas la mayor parte del tiempo y solo se activan durante períodos de alta demanda. Un informe de 2020 reveló que, durante los diez años anteriores, los neoyorquinos habían pagado más de 4.500 millones de dólares para mantener las plantas de energía de pico de la ciudad, a pesar de su funcionamiento limitado de solo 90 a 500 horas al año, es decir, menos de tres semanas como máximo. En consecuencia, el costo de la electricidad en horas pico en la ciudad de Nueva York fue un asombroso 1.300 por ciento más alto que el costo promedio de la electricidad del estado[35]. Estas plantas también liberan contaminantes peligrosos como dióxido de azufre, óxidos de nitrógeno y partículas finas en las comunidades cercanas, que a menudo son barrios de color de bajos ingresos. La sobreconstrucción de la red con energías renovables y otros recursos para superar la demanda significa que no hay necesidad de construir estas costosas plantas de energía pico. Además, a medida que avanza la tecnología de las baterías, éstas ofrecen no solo tienen una ventaja de costo, sino que también responden con tiempos mucho más rápidos; pueden aumentar y disminuir instantáneamente en respuesta a las señales del operador de la red, una flexibilidad y capacidad de respuesta similar a la de los mineros de Bitcoin que los generadores de pico de gas no pueden igualar.

Las plantas de pico de gas tradicionales están diseñadas para complementar la capacidad de la red insuficiente y se activan solo cuando hay un pico en la demanda de electricidad, por ejemplo, cuando aumenta el uso del aire acondicionado en un día caluroso. Debido al uso y la generación de energía fluctuantes, las energías renovables combinadas con baterías necesitan una sobreconstrucción de la capacidad de generación para garantizar un almacenamiento de energía suficiente para su uso posterior. Sin embargo, esto a menudo conduce a que la producción exceda lo que el almacenamiento de la batería puede manejar, lo que convierte a los mineros de Bitcoin en el candidato perfecto para absorber el exceso de energía que de otro modo se desperdiciaría.

Calor de bajo Grado

Las computadoras producen calor como producto de desecho. Tu computadora portátil produce calor. Los servidores en los centros de datos producen calor. El 100% de la electricidad que consume una computadora termina en forma de calor excedente. Los ASIC no son una excepción. Hay millones de ASIC en todo el mundo que producen grandes cantidades de calor que no se utilizan. ¿Qué pasaría si pudieras reutilizar ese calor? ¿Qué pasaría si existiera un incentivo monetario para aprovechar ese calor y darle uso?

En este momento, mi apartamento y mi jacuzzi se calientan con circuitos integrados de aplicación específica (ASIC). Yo llamo a mi jacuzzi la «máquina minera de jacuzzi». Los bitcoins que recibo de la minería ayudan a compensar mi factura de electricidad. Mi factura es más o menos del mismo precio que si usara calefacción eléctrica tradicional, excepto que ahora estoy ganando bitcoins. Si de todos modos ya usas electricidad para calentarte, ¿por qué no te pagan por hacerlo?

"El calor de tu ordenador no se desperdicia si necesitas calentar tu casa".

Satoshi Nakamoto

Actualmente, los circuitos integrados de aplicación específica (ASIC) se utilizan para calentar viviendas, edificios, piscinas y baños. La gente también ha desarrollado su creatividad para utilizar este exceso de calor para la deshidratación de alimentos, como el secado de frutas y chocolates. Por ejemplo, el mismo Parque Nacional de Virunga que utiliza el exceso de energía de las centrales hidroeléctricas para financiar las operaciones de su fábrica de chocolate con mineros de Bitcoin, ahora se está preparando para utilizar el calor sobrante generado por sus mineros para secar chocolate. Este enfoque convierte eficazmente los residuos en ganancias.

Alex Gladstein, Director de Derechos Humanos Fundación, publicada:

Actualmente el cacao se seca al sol, lo que demora 3 semanas. En lugar de comprar una secadora industrial por 200.000 dólares, el parque compró ASIC que reducirán el tiempo a una semana. Pronto secarán el cacao con minería de BTC impulsada por energía hidroeléctrica.[36]

También ha habido informes sobre el uso del exceso de calor de ASIC para secar ropa y madera, así como el uso de ese calor en la destilación de jarabe de arce y whisky.[37,38,39,40] Este calor desperdiciado representa una fuente de ingresos adicional. Cada hogar, oficina, edificio comercial o industrial, secado de alimentos o instalación de lavandería eléctrica podría ser un beneficiario de este calor desperdiciado. Hoy, puede reemplazar el calentador eléctrico de su hogar con un ASIC por $ 200.

Es este tipo de pensamiento innovador lo que ha traído... sobre algunos de los mayores avances tecnológicos en todas las industrias. El concepto de utilizar el calor residual tiene aplicaciones potenciales más allá de la minería de Bitcoin. Si bien los centros de datos tradicionalmente no han utilizado su calor residual, podrían adoptar y sacar provecho de esta práctica. A menudo, quienes operan al margen, como los mineros de Bitcoin, que están motivados a maximizar cada recurso, son los que lideran el camino en el descubrimiento de soluciones de reutilización ingeniosas como esta.

"La generación de bitcoins debería terminar donde sea más barata. Tal vez sea en climas fríos donde haya calefacción eléctrica, donde sería esencialmente gratuito".

-Satoshi Nakamoto, 2010

La minería de bitcoins puede ser la respuesta para garantizar un futuro energético más abundante, confiable y ambientalmente sostenible para nuestro planeta. El aumento de la producción de energía y la mejora de la infraestructura de la red contribuyen al florecimiento humano al sacar a las personas de la pobreza. La capacidad de los mineros de encenderse y apagarse instantáneamente ayuda a equilibrar la red, evitando apagones y reduciendo la dependencia de plantas de gas de punta costosas y perjudiciales para el medio ambiente. El acceso a la energía no solo aumenta la productividad, sino que también respalda el desarrollo de infraestructura crítica, como la conectividad a Internet y las redes de transporte. Además, la minería ayuda a subsidiar los costos de la energía, lo que permite que más personas accedan y puedan pagar los recursos energéticos esenciales. La presencia de los mineros como comprador garantizado de último recurso fomenta el desarrollo de fuentes de energía renovables, financiando la infraestructura necesaria. La minería de bitcoins también monetiza la captura de fuentes de energía varadas, como el meta de pozos petrolíferos y vertederos, lo que reduce su huella de carbono general. Además, el calor de baja calidad producido por los mineros se puede aprovechar y utilizar en cualquier lugar donde se necesite calor eléctrico.

Básicamente, **NO** minar Bitcoin desperdicia energía.

Uso de Energía
Ahora, abordemos el miedo, la incertidumbre y la duda (FUD) de que "usar energía es malo".

Sabemos que Bitcoin consume mucha energía, pero ¿es malo usar energía en sí mismo? ¿Se pueden imponer estándares morales al consumo de energía? "Creo que los programas de telerrealidad no tienen ningún valor y no se debería permitir que se malgaste electricidad viéndolos". "Estás usando demasiadas luces navideñas y desperdiciando energía". "Usar una lavadora es un desperdicio porque consume demasiada energía, por lo que es mejor lavar la ropa a mano". "Almacenar datos en la nube es un desperdicio porque requiere demasiada electricidad para hacer funcionar los servidores". "Volar, conducir o viajar en general es un desperdicio de energía, por lo que todos deberían quedarse en casa... para siempre".

Decir que el consumo de energía es un derroche es como retroceder en el tiempo. Lo que una persona define como derroche o malo puede variar de persona a persona. El progreso humano requiere energía. Un aumento del consumo de energía per cápita se ha relacionado con mejoras en el bienestar humano y la esperanza de vida.[41] También analizamos cómo la minería de Bitcoin puede ayudar a monetizar la abundancia de energía, el desarrollo de energías renovables y la infraestructura para sacar a la gente de la pobreza.

Bitcoin no solo proporciona una red monetaria superior, abierta y sin permisos para el mundo, sino que también tiene un impacto positivo en los seres humanos y en nuestro planeta a través de estos efectos de energía en cadena.

Además, los avances en la tecnología de chips son mejorando la eficiencia de los mineros de Bitcoin cada año, reduciendo la energía requerida para asegurar una tasa de hash más alta. En pocas palabras, asegurar la misma cantidad de tasa de hash ahora requiere menos ASIC y menos energía.

Este gráfico muestra el consumo energético global de nuestro sistema bancario actual, la minería de oro y la minería de Bitcoin a mayo de 2021:

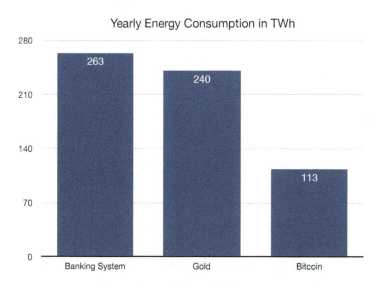

Figura 2.9 Fuente: Informe de mayo de 2021 de Galaxy Digital[42]

FUD #3:
El Ataque del 51%

Un ataque teórico del 51% podría ocurrir si un actor malicioso controlaba el 51% o más del hashrate de Bitcoin.

Voy a dejar que el gran Andreas Antonopoulos, uno de los primeros educadores de Bitcoin, responda esta pregunta. Durante una charla en 2015, cuando la tasa de hash de la red Bitcoin era solo el 0,05 % de lo que es hoy en 2024, Andreas respondió una pregunta sobre un ataque del 51 %:

Pregunta: ¿Tiene usted alguna preocupación acerca de un gran estado nacional que tiene interés en destruir activamente Bitcoin para fabricar sus propias súper plataformas y diseñar chips y simplemente arrojar cientos de millones o miles de millones de dólares para interrumpir intencionalmente la cadena de bloques?

Andreas: Sí, no me preocupa en absoluto. Esto ya no se puede hacer con Bitcoin. Esto es algo que sólo se puede hacer con las altcoins nacientes. Bitcoin ha alcanzado un nivel de computación que ningún estado nacional puede derrocarlo solo mediante la computación. El esfuerzo para hacerlo requeriría una operación encubierta masiva de fabricación de chips y luego el asalto coordinado que les daría dominio sobre el siguiente bloque durante 10 minutos, hasta que expulsemos a esos bastardos de la red y reformulemos el protocolo a su alrededor. Se descubriría que han perdido mil millones de dólares haciendo esto y todo lo que tienen que hacer es un doble gasto. Ahora bien, la cuestión es que mucho antes de que lleguemos a ese punto, se dan cuenta de que si simplemente dejan que esto funcione, en realidad pueden obtener algo de bitcoin como recompensa, porque la estructura de incentivos realmente funciona, así que no me preocupa eso.[43]

Nuevamente, esto ocurrió cuando la tasa de hash de la red era el 0,05% de lo que es hoy. La cantidad de recursos energéticos que uno necesitaría para asegurar el gasto de energía suficiente para atacar la red, la cantidad de fabricación de chips y la increíble cantidad de secreto para lograrlo es probablemente imposible, y solo se vuelve más imposible a medida que la red de Bitcoin crece. El mercado de ASIC de

Bitcoin solo en 2022 era de casi $ 9 mil millones.[44] Toda la red de Bitcoin usa alrededor de 20 gigavatios de energía en la actualidad. En 2023, Michael Saylor, el fundador de MicroStrategy, comparó la red de Bitcoin, que entonces tenía solo 10 gigavatios, con la flota de la Marina de los EE. UU.:

> La Marina de los Estados Unidos tiene 53 submarinos de ataque de la clase Virginia que tienen 30 megavatios cada uno. Tiene 14 submarinos de misiles balísticos de la clase Ohio que tienen alrededor de 45 megavatios de potencia cada uno. Tiene 11 portaaviones de propulsión nuclear con alrededor de 195 megavatios de potencia cada uno de sus reactores nucleares. Tiene 17 cruceros que funcionan con alrededor de 60 megavatios cada uno, y 62 destructores que tienen algo así como 30 megavatios cada uno. Cuando sumas todo, toda la Marina, la Marina nuclear está funcionando como 4,3 gigavatios de energía... ¿sabes que solíamos decir que el dólar estadounidense está respaldado por la fuerza de la Marina de los Estados Unidos, por el poder de la Marina? Bueno, lo está; y ahora sabes lo que es la Marina. La Marina no es de 10 gigavatios Bitcoin es de 10,6 gigavatios; es como el doble de la energía que alimenta a toda la Marina de los EE. UU. Otra forma de pensarlo: como una planta de energía nuclear a pleno rendimiento podría generar un gigavatio, uno enorme. Es como 10,5 plantas de energía nuclear a pleno rendimiento funcionando a toda máquina, pero es mejor porque está distribuida por todas partes en la red y no se puede identificar de dónde proviene esa energía. Está más distribuida que la Marina, está más distribuida que una planta de energía nuclear. No se

puede detener.[45]

La red Bitcoin ahora podría tener la energía de 5 millones de dólares estadounidenses. Flotas navales. La cantidad de energía necesaria para lograrlo hace que un ataque del 51% sea puramente teórico. Sin embargo, asegurar y controlar el suministro de ASIC es, con diferencia, el aspecto más prohibitivo de este ataque teórico.

Para aclarar el punto de Andreas de que "solo tenían que hacer un doble gasto": un doble gasto significa usar las mismas monedas para dos transacciones distintas. Supongamos que el atacante tenía 1000 bitcoins. Si lograra reunir suficiente tasa de hash para dominar la red, lo que, en realidad, requiere controlar más del 51% de esta, podría gastar sus bitcoins dos veces. Sin embargo, el coste de un ataque de este tipo sería mucho mayor que la ganancia potencial. El sistema de incentivos de Bitcoin está diseñado para disuadir ataques, lo que hace que sea más rentable para alguien unirse a la red como un buen actor y recibir bitcoins como recompensa por su tasa de hash aportada.

Capítulo 3

Independencia Financiera y Derechos Humanos

Este capítulo ofrece una visión rápida de cómo Bitcoin puede respaldar los derechos humanos y fomentar la independencia financiera. Exploraremos algunos de estos temas con mayor detalle a lo largo del libro.

E n los países occidentales, muchas personas pasan por alto las ventajas que conlleva haber nacido en una democracia liberal, como los derechos de propiedad, la libertad de expresión, el acceso a una moneda de reserva estable como el dólar o la libra y la existencia de un sistema jurídico que funcione.

Alrededor del 54% de la población mundial, más de 4.000 millones de personas, vive hoy bajo regímenes autoritarios, y 1.600 millones de personas viven con una inflación de dos o tres dígitos.[46,47]

Bancarizar a los no Bancarizados

El Banco Mundial estima que 1.400 millones de personas en todo el mundo hoy en día, casi 100 millones de personas en el mundo no tienen acceso a servicios bancarios, lo que significa que carecen de acceso a herramientas y recursos financieros fundamentales, como cuentas de ahorro, préstamos y seguros. La ausencia de estos servicios no solo obstaculiza el crecimiento y la estabilidad financiera personal, sino que también obstruye el desarrollo económico en las regiones desfavorecidas.[48]

Incluso en Estados Unidos, los datos de 2019 de la Reserva Federal indican que aproximadamente el 22% de los adultos estadounidenses, o 63 millones de personas, fueron clasificados como no bancarizados o subbancarizados. De este grupo, el 6% de los estadounidenses no tenía cuenta bancaria alguna y dependía en cambio de opciones financieras alternativas como préstamos de día de pago, servicios de cambio de cheques, giros postales y préstamos de casas de empeño para administrar sus finanzas. El 16% restante no tenía acceso a servicios bancarios, lo que significa que tenía una cuenta bancaria pero aún así utilizaba estos servicios alternativos para satisfacer sus necesidades financieras.

Bitcoin puede brindar oportunidades y seguridad financiera a algunas de las personas más vulnerables de la sociedad. A continuación, se ofrecen algunos ejemplos:

Derechos de la Mujer

Imaginemos a una mujer que vive en la República del Congo. No puede abrir una cuenta bancaria sin el permiso de su marido. No puede celebrar ningún contrato legalmente vinculante, como adquirir una propiedad o iniciar un negocio, sin el permiso de su marido. Su marido tiene pleno control sobre sus bienes. Si ella quisiera irse, ¿qué opciones tendría?

Roya Mahboob, reconocida como la primera directora ejecutiva tecnológica de Afganistán y incluida entre las personas más influyentes de la revista TIME, fue una de las primeras empresarias en introducir el bitcoin en Afganistán. Tenía solo siete años cuando los talibanes invadieron por primera vez su ciudad natal en 1996. En 2013, comenzó a pagar a empleados y contratistas en bitcoins, y "las niñas estaban felices de tener finalmente un dinero que los hombres de sus vidas no podían quitarles", dijo. "Les dio seguridad, privacidad y tranquilidad".[49]

La educación y el acceso a Bitcoin podrían significar la diferencia entre quedar atrapado en una relación abusiva o tener la independencia financiera y la privacidad para salir de ella. Las personas pueden llevar consigo sus bitcoins a través de claves privadas almacenadas en un disco o memorizando 12 palabras en su cabeza. Este método de control es crucial para muchas víctimas de abuso que a menudo no pueden escapar de sus situaciones debido a que sus captores controlan sus finanzas.

Al memorizar las 12 o 24 palabras clave asociadas con su clave   privada de bitcoin, las personas pueden acceder a sus bitcoins en cualquier billetera de bitcoins. Dondequiera que haya acceso a Internet, pueden recuperar sus bitcoins, ya sea mediante un dispositivo de hardware seguro (una billetera fría (fuera de línea) o una billetera caliente (en línea) que se conecta directamente a Internet, como por ejemplo a través de un teléfono inteligente.

Refugiados

Para los refugiados, la capacidad de almacenar Bitcoin en su memoria representa un salvavidas crucial en un viaje que de otro modo sería turbulento. Al huir de conflictos, persecuciones o inestabilidad económica en sus países de origen, las formas tradicionales de proteger su riqueza a menudo se vuelven poco prácticas o riesgosas. Llevar dinero físico puede hacerlos vulnerables a robos o confiscaciones por parte de las autoridades o delincuentes en el camino. Además, pueden temer que su moneda local se infle o se vuelva incambiable al llegar a su destino. Al memorizar sus claves privadas o las 12 o 24 palabras asociadas a ellas, los refugiados pueden transportar su riqueza de manera segura a través de las fronteras. Estas palabras también pueden escribirse discretamente en un pequeño trozo de papel o guardarse en una memoria USB. Para muchos refugiados que lo han perdido todo en su búsqueda de seguridad y libertad, Bitcoin representa más que una moneda digital: es un medio para preservar su estabilidad financiera, su independencia y la esperanza de un futuro mejor. Les permite reconstruir sus vidas y mantenerse a sí mismos.y sus familias ante la adversidad. Bitcoin ofrece estabilidad financiera en medio del caos del desplazamiento.

Activismo

Otra situación en la que el dinero de la libertad resulta invaluable es para los activistas que protestan contra la corrupción en su país, quienes corren el riesgo de que sus cuentas bancarias sean congeladas. Dado que el 54% de la población mundial vive bajo regímenes autoritarios, Bitcoin presenta una alternativa vital para estos activistas, permitiéndoles eludir los sistemas bancarios convencionales. Ha habido numerosos informes de activistas que utilizan Bitcoin después de que sus cuentas bancarias se congelaran, desde Nigeria hasta Hong Kong, Bielorrusia y Ucrania. Este escenario se desarrolló recientemente en Occidente durante el Convoy de la Libertad de 2022 en Canadá, donde los camioneros que protestaban por los mandatos de vacunación vieron sus cuentas bancarias repentinamente congeladas y recurrieron a las donaciones en bitcoin como un salvavidas. Alex Gladstein, director de la Fundación de Derechos Humanos, declaró recientemente en el podcast *What Bitcoin Did* :

Al final será imposible mantener a Bitcoin fuera de un país. Digamos que eres China, India o Rusia, digamos que eres el dictador de uno de estos países. ¿Qué se necesita para sobrevivir? Se necesita: censura, confiscación, mercados de capital cerrados. No se puede sobrevivir sin estas tres cosas. Ahora bien, ¿qué es Bitcoin? Bitcoin es libertad de expresión, derechos de propiedad y mercados de capital abiertos. Se opone fundamentalmente al ADN de la dictadura. Ahora bien, eso no significa que no habrá autócratas en un estándar Bitcoin, pero será mucho más difícil hacerlo porque la gente tendrá el poder de contraatacar y de ser financieramente libre y eso va a ser muy devastador para ellos. [50]

Pagos de Remesas

Los pagos de remesas se refieren a trabajadores extranjeros que envían dinero devuelto a las personas en su país de origen. Estos pagos son una parte importante de la economía en muchos países, ya que proporcionan una fuente crucial de ingresos para las familias y contribuyen al desarrollo económico general. En 2023, los pagos de remesas mundiales ascendieron a 860 mil millones de dólares y se prevé que crezcan un 3,1 % en 2024.[51]

Ya sabemos que The Lightning Network de Bitcoin ofrece una opción instantánea y casi gratuita para enviar valores a través de las fronteras sin intermediarios, tiempos de espera ni tarifas predatorias. Cualquiera que tenga un teléfono inteligente con una billetera Bitcoin o Lightning puede enviar y recibir fondos sin esfuerzo a nivel mundial. En realidad, existen formas de enviar en dispositivos que solo admiten SMS con un nodo intermediario que esté conectado a Internet, lo que garantiza la accesibilidad para aquellos con acceso limitado a Internet. A medida que la adopción de Bitcoin continúa creciendo y más personas adoptan The Lightning Network, las Western Unions del mundo se enfrentan a una interrupción de su dominio establecido desde hace mucho tiempo y a tarifas excesivas.

Embargo de Activos

En 2012-2013, Chipre afrontó una crisis económica, debido en gran medida a la excesiva concesión de créditos por parte de sus bancos, en particular a los bonos del gobierno griego y al sector inmobiliario local. Las pérdidas derivadas de las tenencias de bonos griegos contribuyeron significativamente a la turbulencia financiera de Chipre, lo que llevó a la rebaja de la calificación crediticia de sus bonos gubernamentales a basura. El 25 de marzo de 2013, Chipre recibió una oferta de rescate de 10.000 millones de euros. Sin embargo, este rescate financiero vino con condiciones estrictas: Chipre tuvo que cerrar su segundo banco más importante, el Banco Popular de Chipre, y embargar alrededor del 48% de todas las cuentas con más de 100.000 euros. tanto en el Banco Popular de Chipre como en el Banco de Chipre, el banco comercial más grande de la isla.[52,53]

Los ciudadanos se despertaron con la noticia en pánico al descubrir que sus bancos estaban cerrados y los cajeros automáticos no estaban en línea, dejándolos sin poder retirar su dinero. El gobierno les había robado los ahorros de toda su vida. No había recurso. Su dinero simplemente había desaparecido.

El libro de Alex Gladstein, *Check Your Financial Privilege*, presenta múltiples historias de personas de todo el mundo que recurrieron al bitcoin como medio para escapar de sistemas financieros fallidos y proteger su riqueza de la confiscación. Gladstein ofrece un relato de un incidente similar en Sudán:

Además de lo que se obtenía mediante los impuestos tradicionales y el señoreaje, los ciudadanos tenían que pagar una parte de sus ingresos para ayudar a los mártires de las guerras de sus dictadores. La policía monetaria secreta espiaba a las personas, congelaba cuentas bancarias, confiscaba activos e imponía tasas inventadas a los comerciantes. No se requería ninguna sospecha razonable. [54]

Los regímenes corruptos recurren con frecuencia a la confiscación de activos. Para el 54% de las personas que viven bajo regímenes autoritarios, Gladstein escribe: "Para ellos, Bitcoin es una protesta, un salvavidas y una salida". [55] Bitcoin es un sistema monetario justo basado en reglas. No hace trampas ni roba.

Escapar de la inflación es otra forma en que Bitcoin permite la independencia financiera y promueve los derechos humanos. En el próximo capítulo, profundizaremos en la inflación y sus impactos en la libertad financiera.

Parte 2
Fiat: la Corrupción Ataca Atrás

"Debes desaprender lo que has aprendido".

-Yoda

Bitcoin no es una prueba de inteligencia, es una prueba de ego. ¿Puedes desaprender lo que has aprendido? ¿Puedes aprender cómo funciona nuestro sistema actual y aplicar principios básicos para mejorarlo? ¿Puedes adaptarte a medida que sale a la luz nueva información? ¿Qué es el dinero? ¿Quién decide qué es el dinero? ¿Por qué existe la inflación?

Capítulo 4

Dinero 101

"Está bien que la gente de esta nación no entienda nuestro
sistema bancario y monetario, porque si lo hiciera, creo que
habría una revolución antes de mañana por la mañana".

-Henry Ford

Moneda Fiduciaria "Fiat"

La palabra "fiat" significa "por decreto autoritario".
Cada moneda de papel que alguna vez has tocado ha
sido emitida por un gobierno o banco central. La
moneda fiduciaria incluye dólares, pesos, euros, yenes, liras,
yuanes o cualquiera de las 180 monedas gubernamentales que
existen hoy en día. A lo largo de la historia, casi todas las
monedas fiduciarias han fracasado en 50 años. Las
excepciones incluyen el dólar estadounidense y la libra
esterlina. Sin embargo, desde la creación de la Reserva Federal
en 1913, el dólar ha perdido el 98% de su poder adquisitivo,
y la libra esterlina ha perdido el 98% de su valor solo desde
1950.

Cuando alguien controla la capacidad de crear y emitir
nueva moneda, es demasiado fácil seguir imprimiendo
dinero. Es una tentación a la que todos los gobiernos o
imperios han sucumbido con el tiempo. A medida que se
imprime más moneda y entra en el sistema, la moneda

existente pierde valor, lo que se conoce como inflación. La inflación es el aumento de los precios y la pérdida del poder adquisitivo de una moneda a lo largo del tiempo. Solo teniendo una oferta fija de dinero, o "dinero duro" que nadie puede manipular, se puede evitar que las monedas se inflen. Piénsalo desde el punto de vista del poder adquisitivo. ¿Cuánto costaba comprar un refresco cuando eras niño? ¿Cuánto costaba la casa de tu infancia? ¿Y los comestibles? ¿Y cuánto cuestan esas mismas cosas hoy? A menos que seas un niño hoy, apuesto a que esa cifra es mucho mayor. El dólar ha perdido casi el 98% de su poder adquisitivo en los últimos 100 años.

Este gráfico muestra el poder adquisitivo del dólar estadounidense hasta 2024:

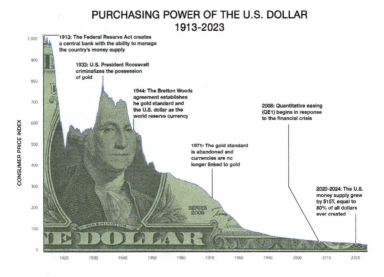

Figura 4.1 Fuente: Banco Federal de St. Louis[56]

Este gráfico muestra los dólares que se han añadido al sistema desde 1960. Desde 2008, alrededor del 70% de todos los dólares se han añadido al sistema. Sí, el 70% de todos los dólares que han existido se crearon después de 2008. Desde 2020, se han impreso alrededor del 30% de todos los dólares estadounidenses.

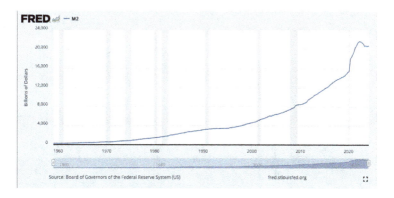

Figura 4.2 Fuente: Banco Federal de St. Louis[57]

Esto ocurre sólo en Estados Unidos. En todo el mundo, puede ser mucho peor. Muchos países sufren hiperinflación. Imaginemos tasas de inflación del 50% o más al mes. ¿Qué os parece? Por ejemplo, una casa que hoy cuesta 100.000 dólares costaría 150.000 dólares el mes que viene y casi 13 millones de dólares en un año. Esto obliga a la gente a gastar su dinero al instante, ya que, de lo contrario, se esfuma día tras día. Sólo en Argentina, durante mi vida ha habido tres episodios de hiperinflación.

Estos son los países cuyas monedas se han hiperinflado solo en 2022-2023:

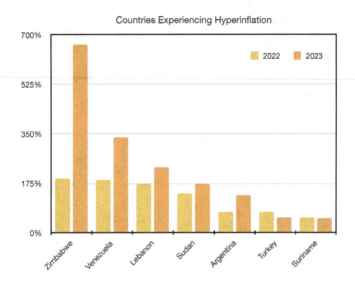

Figura 4.3 Fuentes: Fondo Monetario Internacional, Banco Mundial[58,59]

Muchos otros países tienen una inflación extremadamente alta, sólo No a esa tasa del 50% mensual. El gobierno de Estados Unidos mide la inflación con su Índice de Precios al Consumidor (IPC). Tenga en cuenta que hoy el IPC excluye convenientemente los alimentos, la energía y el costo de comprar una casa. Si la inflación se midiera utilizando los cálculos de vivienda anteriores a 1983, la tasa de inflación real sería aproximadamente el doble de la que se informa actualmente.[60]

La vida es cada vez más cara. ¿Pero por qué? La principal el motor de la inflación es la impresión de dinero. Los gobiernos no pueden gastar dentro de sus posibilidades, por lo que "imprimen" más dinero para financiar sus proyectos. Hoy en día, esa impresión consiste en añadir más ceros a la pantalla de una computadora. Este proceso es eficaz. El dinero roba poder adquisitivo a los ciudadanos al inundar el sistema con unidades monetarias adicionales. Para mantener su poder adquisitivo y evitar la inflación, el dinero debe ganarse mediante la adición de valor, no simplemente crearse a voluntad. Cuando el dinero se imprime de la nada en lugar de respaldarse con trabajo real, su valor se deprecia con el tiempo debido a una mayor disponibilidad y una menor escasez. Se supone que el dinero es una forma de que los humanos almacenen los frutos de su trabajo actual para algo que necesiten más adelante. La impresión de dinero por parte del gobierno es similar a una empresa que diluye el valor de sus acciones al emitir más existencias, o cuando se producen objetos coleccionables raros adicionales, lo que hace que los originales sean menos valiosos. El concepto fundamental es el mismo: cuantas más unidades se agregan a un sistema, menos valiosa se vuelve cada unidad existente.

El Dinero es Tiempo.

Digamos que hoy en día sus alimentos cuestan 100 dólares. Si el año que viene los mismos alimentos cuestan 200 dólares, tendrá que trabajar el doble para comprar los mismos artículos. Su salario puede aumentar un poco, pero nunca lo suficiente para cubrir la inflación real. Cuando los gobiernos aumentan la oferta monetaria, literalmente le están robando tiempo. Imprimir dinero no agrega valor, sino que lo roba… Roba tiempo.

Vivir en un sistema en el que el valor de tu trabajo hoy vale menos el mes que viene es una forma horrible de vivir. Debes tener una alta preferencia temporal para sobrevivir el día a día. "Hoy gané $10; rápido, necesito ir a la tienda a comprar pan antes de que suba el precio mañana". No puedes pensar mucho en el futuro porque se vuelve imposible preservar tu riqueza a lo largo del tiempo. Muchas personas que viven en entornos de alta inflación o hiperinflación tendrán que trabajar todos los días durante el resto de sus vidas para sobrevivir. Les roban su tiempo.

Incluso en países con tasas de inflación más bajas, dejar Tu dinero en un banco significa que valdrá menos el año siguiente.

Results of Inflation over Time

Inflation Rate	Years to 50% Loss in Purchasing Power
2%	36 years
4%	18 years
12%	6 years
24%	2 years

Figura 4.4

"Imprimir dinero es simplemente cobrar impuestos en otra forma. En lugar de robarles dinero a los ciudadanos, el gobierno les quita poder adquisitivo".

-Peter Schiff

El Grifo del Dinero

Los que están más cerca de la fuente de dinero nuevo (el "grifo del dinero") invariablemente son los que más se benefician de un aumento en la oferta monetaria. Los políticos, las personas con un alto patrimonio neto, los directores ejecutivos, Wall Street, por ejemplo, a menudo poseen activos como bienes raíces, acciones y empresas que se aprecian en valor con la impresión de dinero. Esta distribución desigual de la riqueza conocido como el Efecto Cantillon, les permite soportar los impactos negativos de la inflación. Los siguientes gráficos muestran que los precios de los activos pueden al menos seguir el ritmo de la inflación:

Precios de la vivienda:

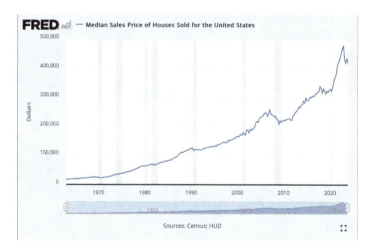

Figura 4.5 Fuente: Banco Federal de St. Louis[61]

Precios de las acciones:

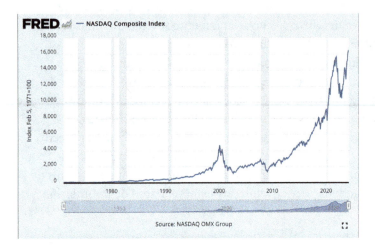

Figura 4.6 Fuente: Banco Federal de St. Louis[62]

Las Ganancias Corporativas y el NASDAQ:

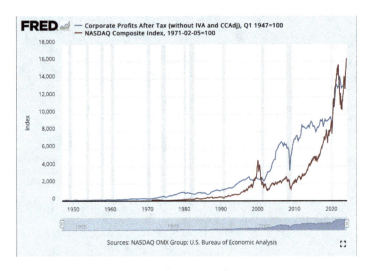

4.7 Fuente: Banco Federal de St. Louis[63]

La impresión de dinero afecta desproporcionadamente a las personas con ingresos medios y bajos. No pueden permitirse invertir su dinero en activos como bienes raíces o acciones mientras sus facturas y gastos diarios suben constantemente. Están literalmente en una rueda de hámster que gira cada vez más rápido. No les queda nada que ahorrar, se endeudan cada vez más, mientras aceptan un segundo o tercer empleo.

Dado que las monedas fiduciarias no mantienen su poder adquisitivo, las personas se ven obligadas a arriesgarse cada vez más en la curva de riesgo solo para ahorrar para su futuro. Sienten la necesidad de apostar en la bolsa, invertir, ir al casino o jugar a la lotería, todo porque aferrarse a su moneda conlleva su inevitable devaluación. Un cubito de hielo derritiéndose, por así decirlo. Imagine poder almacenar su esfuerzo en dinero sólido y no tener que convertirse en un operador intradía o un experto en mercados financieros solo para intentar superar la inflación. El estrés de intentar constantemente mantener su poder adquisitivo puede ser abrumador.

Casi la mitad de las empresas estadounidenses que cotizan en bolsa no son rentables. Solo en 2018, el 83 % de las ofertas públicas iniciales de acciones (OPI) fueron presentadas por empresas no rentables. En este sistema de moneda fiduciaria, las empresas ya no necesitan añadir valor para atraer inversiones. Se han convertido en un refugio para quienes buscan preservar su patrimonio, ya que su dinero no conserva su poder adquisitivo.

Se produciría una gran revalorización si el mundo cambiara a un sistema de dinero escaso que no puede ser controlado por los gobiernos o los bancos centrales. Los precios actuales en los mercados de valores e inmobiliarios están muy distorsionados debido a su uso como vehículos de ahorro por parte de los tenedores de moneda fiduciaria. Estas valoraciones infladas del mercado no se basan en la realidad. En un sistema en el que el dinero conserva su poder adquisitivo a lo largo del tiempo, las empresas que no generan ingresos reales no recibirían apoyo artificial de los inversores y se les permitiría fracasar.

En general, el valor justo de mercado de muchas de estas empresas Sería mucho menor. Si una empresa no genera beneficios y no ofrece una rentabilidad mejor que simplemente quedarse con el dinero, ¿qué motivación existe para invertir? Invertir en estas circunstancias sería una apuesta arriesgada, confiando en la esperanza de que la situación cambie y se compense el tiempo perdido.

Si el dinero sirviera realmente como forma de almacenar tiempo, una casa ya no sería una reserva de valor. En cambio, compraríamos una casa sólo para vivir en ella, no como inversión, y su precio reflejaría únicamente su utilidad. La casa volvería a su propósito original como artículo de consumo, "refugio", en lugar de como reserva de valor. La prima monetaria sobre los bienes raíces podría caer sustancialmente a medida que el mercado libre revalorizara todo de acuerdo con su utilidad en lugar de su potencial especulativo. Nuestra vara de medir el valor de las cosas se ha visto increíblemente distorsionada por la impresora de dinero.

¿Por qué se imprime dinero una y otra vez? Quienes tienen acceso a la impresora no pueden evitarlo. Supongamos que Estados Unidos quisiera ir a la guerra. ¿Cómo la financiarían? ¿Dejarían que la gente votara para subir los impuestos y financiar la guerra? Eso sería tremendamente impopular y jamás se aprobaría. Es mucho más fácil simplemente imprimir dinero. De esa manera, se les va robando poco a poco el poder adquisitivo a los ciudadanos a un ritmo que suele pasar desapercibido. De cualquier manera, el público está pagando la guerra; imprimir dinero es simplemente una forma psicológicamente más fácil de manipular a los ciudadanos y robarles el tiempo. Esta estrategia de financiación secreta mediante la impresión de dinero se ha repetido a lo largo de la historia.

"El problema fundamental de las monedas convencionales es la falta de confianza necesaria para que funcionen. Hay que confiar en que el banco central no devalúe la moneda, pero la historia de las monedas fiduciarias está llena de violaciones de esa confianza".

-Satoshi

Deuda

De hecho, Estados Unidos ha incumplido cuatro veces el pago de su deuda emitida en moneda fiduciaria desde 1862. El proceso de emisión de deuda es simplemente otra forma de expandir la oferta monetaria, o "imprimir dinero", y a menudo conduce a la devaluación de la moneda. Con una deuda de más de 34 billones de dólares y en aumento, los pagos de intereses de esta deuda por sí solos son más de lo que Estados Unidos gasta en su presupuesto de defensa.[64] Este ciclo de endeudamiento e impresión de dinero para financiar déficits, que conduce a más deuda, se suele denominar "espiral de deuda". Piense en esto como usar su tarjeta MasterCard para pagar su Visa. El uso de una moneda que no se puede imprimir de la nada podría desincentivar una guerra futura.

Si no se puede manipular ni imprimir más dinero, ¿cómo se financiaría la guerra? Los ciudadanos tendrían que aceptar gastar su dinero, su preciado tiempo acumulado, para ir a la guerra.

Entonces, el sistema de moneda fiduciaria está roto. ¿Cuál es la solución?

Un dinero que tiene un suministro finito o escaso que nadie Puede imprimir más dinero que nadie puede controlar.

Otras cualidades valiosas del buen dinero incluyen: verificabilidad, transportabilidad y divisibilidad.

Uno debe poder verificar que el dinero que está recibiendo es, De hecho, es legítimo, es decir, ¿se trata de un billete falso o es realmente oro macizo?

El dinero debe ser transportable para que pueda entregarse de forma rápida y barata, es decir, ¿puede el dinero ir del punto A al punto B en un tiempo razonable sin la intervención de intermediarios costosos?

El dinero debe ser divisible para facilitar el comercio, es decir, ¿puedo comprarte un coche hoy y tú comprarme una manzana mañana? Por ejemplo, si el dinero tuviera forma de vacas, ¿cómo nos las arreglaríamos para dar el cambio correcto en nuestras transacciones más pequeñas? El dinero eficaz requiere unidades monetarias que sean fácilmente divisibles.

El dinero cumple 3 funciones:
Depósito de valor
Unidad de cuenta
Medio de intercambio

Oro

El oro fue la mejor forma de dinero hasta el siglo XX. Es un metal duradero que no se corroe con el tiempo, lo que garantiza su longevidad. La adquisición de oro tiene un costo real, o "trabajo", debido al esfuerzo que requiere extraerlo de la tierra. La escasez del oro contribuye a su tasa de inflación relativamente baja, lo que significa que no se agrega mucho oro a la oferta cada año (actualmente el oro tiene una tasa de inflación de la oferta del 2%). Esto hace que el oro sea una reserva de valor relativamente buena. Químicamente, el oro es uniforme, lo que significa que una pieza es idéntica a otra. El oro se puede dividir en unidades más pequeñas, como monedas o lingotes, lo que permite que se realicen transacciones de diferentes tamaños. Muchas culturas e imperios valoraron el oro a lo largo de la historia, lo que le dio un medio de intercambio duradero.

Problemas con el Oro.

El oro no se puede transportar fácilmente. ¿Qué pasa si quieres trasladar oro de Estados Unidos a Europa? Necesitas de todo, desde guardias armados, camiones de transporte y numerosas formas de transporte para llegar allí. El oro es difícil de asegurar. Se puede confiscar o robar de las bóvedas y las monedas se pueden robar de los bolsillos. Para grandes cantidades de oro, se necesitan bóvedas y personal de seguridad las 24 horas del día. Estados Unidos gasta 5 millones de dólares al año solo en la seguridad de Fort Knox, donde "según se informa" protegen 147,3 millones de onzas troy de oro.[65]

Debido a estas dificultades de almacenamiento y transporte, en el pasado se emitían pagarés de oro en papel, como se vio a principios del siglo XX en Estados Unidos.

Aquí hay un billete de 5 dólares de 1928 que dice: "Canjeable en oro a pedido en el Tesoro de los Estados Unidos, o en oro o dinero legal en cualquier banco de la reserva federal".

Figura 4.8 Fuente: Wikipedia "Serie de 1928 (moneda de los Estados Unidos)"[66]

La confiscación de oro a los ciudadanos por parte de los gobiernos ha sido Un problema recurrente a lo largo de la historia. En 1933, EE.UU. El presidente Franklin D. Roosevelt emitió la Orden Ejecutiva 6102, "prohibiendo el acaparamiento de monedas de oro, lingotes de oro y certificados de oro dentro de los Estados Unidos continentales". Todo el oro en poder de particulares fue confiscado al tipo de cambio de 20,67 dólares la onza. En 1934, la Ley de Reserva de Oro modificó el valor de la onza de oro a 35 dólares, devaluando así el dólar estadounidense, ya que ahora se necesitaba menos oro para respaldar la moneda. Como el oro tenía una vinculación fija con el dólar, esta revisión permitió la creación de más dólares. Básicamente, el gobierno estadounidense "imprimió" más dinero de un plumazo, reduciendo su poder adquisitivo. ¿Le suena familiar?

El Imperio Romano se dedicó a una estrategia similar de "moneda El término "recorte" o "raspado" significa quitar pedacitos de oro de las monedas existentes para acuñar otras nuevas. Esto aumenta la oferta de monedas en circulación sin haber realizado el trabajo de extraer más oro. Esto a su vez reduce el poder adquisitivo de las monedas existentes. Los precios aumentan a medida que disminuye la escasez de dinero. Cualquiera que sea la forma que adopte a lo largo de la historia, la impresión de dinero conduce inherentemente a la inflación y al colapso de la moneda.

Estados Unidos siguió imprimiendo dinero hasta que se hizo evidente que el dólar no estaba respaldado por las reservas de oro que afirmaban tener. Como resultado, Estados Unidos abandonó oficialmente el patrón oro en 1971. El dólar ahora no está oficialmente "respaldado" por nada. Se puede imprimir a voluntad. No se requiere ningún trabajo para imprimir más.

Otro problema con el oro es que es difícil de verificar. ¿Cómo sabes que los lingotes o monedas que tienes son de oro macizo? Es necesario realizar pruebas exhaustivas para verificar la pureza.

Figura 4.9 Esta imagen representa una barra de "oro" que tiene un núcleo de tungsteno. Debido a que el oro y el tungsteno tienen pesos similares para su tamaño, esta barra se ve y se siente como una barra de oro macizo.

El oro no es fácilmente divisible. Si todo lo que tienes es un lingote de oro y quieres comprar una barra de pan, dividir la barra en unidades más pequeñas para pagar la cantidad correcta es un desafío. Además, intentar dividirlo en el momento cortando un trozo de la barra implica adivinar el valor de ese trozo. Este también es un problema para cualquier moneda acuñada.

Además, la minería de oro puede tener consecuencias ambientales devastadoras, incluida la destrucción de ecosistemas, la contaminación, el trabajo esclavo y el desplazamiento de comunidades.[67]

Propiedades de Bitcoin
Esto nos lleva a Bitcoin. Comparemos las propiedades de
Bitcoin con las de otros sistemas monetarios.

Oro vs USD vs Bitcoin

Properties of Money	Gold	Fiat (USD)	Bitcoin
Fungibility	High	High	High
Portability	Moderate	High	High
Durability	High	Moderate	High
Established History	High	Moderate	Low
Divisability	Moderate	Moderate	High
Censorship Resistance	Moderate	Moderate	High
Verifiability	Moderate	Moderate	High
Scarcity	Moderate	Low	High
Smart/Programmable	Low	Moderate	High

Figura 4.10

- **Divisibilidad y Fungibilidad:** Un bitcoin se
  compone de 100 millones de satoshis que se pueden
  dividir en mil unidades adicionales en The Lightning
  Network llamadas "milisats".
  Solo habrá 21 millones de bitcoins
  1 bitcoin = 100.000.000 satoshis
  1 satoshi = 1.000 milisats

  Esto hace que el bitcoin sea altamente divisible frente
  al oro o las monedas fiduciarias. El bitcoin también es
  fungible, lo que significa que es intercambiable en
  términos de valor. Un bitcoin siempre equivale a otro

bitcoin, y un satoshi equivale a otro satoshi.

- **Portabilidad y Vendibilidad:** Bitcoin puede transmitirse instantáneamente a todo el mundo. Su red abierta permite a cualquiera enviar y recibir bitcoins, así como minar o ejecutar un nodo. Para aquellos que desean transportar bitcoins a través de las fronteras sin temor a robos, es posible llevarlos literalmente en la mente memorizando 12 palabras que permiten el acceso a sus bitcoins.

- **Escasez:** Bitcoin tiene un límite máximo de 21 millones de monedas codificadas en el código fuente. Esto se hace cumplir por los cientos de miles de usuarios que ejecutan nodos en todo el mundo que ejecutan el código fuente de Bitcoin (Bitcoin Core). Nadie puede crear más bitcoins.

- **Resistencia a la Censura:** Bitcoin está protegido por su modelo de incentivos y gobernanza. Bitcoin es una red global con millones de operadores de nodos y mineros. Si un minero decide no incluir una transacción específica por cualquier motivo, otro minero la recogerá, la agregará a un bloque y recibirá un pago por hacerlo. Censurar Bitcoin para obtener ganancias personales contradice los incentivos económicos y, en realidad, resulta en pérdidas financieras.

- **Inmutabilidad y Verificabilidad:** Cientos de miles de nodos en todo el mundo verifican que las transacciones sean válidas. El funcionamiento de un nodo es accesible para cualquier persona con un hardware básico, como un viejo portátil. Gracias a los avances tecnológicos, hoy en día se puede ejecutar un nodo por menos de 200 dólares, lo que lo hace accesible para la mayoría del mundo. Pronto, cualquiera podrá ejecutar un nodo completo en su teléfono.

Seguridad

Los mineros protegen la red encontrando nuevos bloques y agregándolos al libro de contabilidad. Lo hacen gastando enormes cantidades de energía para encontrar bloques, agregando transacciones a esos bloques y recibiendo bitcoins tanto del subsidio por bloque como de las tarifas por transacción. Piense en esto como el sistema de seguridad de Bitcoin, similar a un convoy masivo de camiones blindados para transportar oro o guardias armados que protegen bóvedas. Alguien necesitaría controlar más del 50% de todo el hashrate para intentar un ataque. Este marco de seguridad hace que la red de Bitcoin sea virtualmente inhackeable. ¿Cuántas veces ha oído hablar de violaciones de datos bancarios en la última década? ¿Cuántas veces se han filtrado sus datos? Según una encuesta realizada en la Universidad de Duke, más del 80% de las empresas en los EE. UU. han sido hackeadas.[68] Los datos de un estudio de la Universidad de Maryland sugieren que hay un ciberataque cada 39 segundos, o 2200 por día.[69] Otros datos sugieren que es el doble de esa cifra. La energía gastada para proporcionar la "prueba de trabajo" de Bitcoin lo hace virtualmente imposible de hackear a menos que uno gaste más energía y despliegue más mineros que el 50% de la red.

Hoy en día, Bitcoin sirve como reserva de valor en todo el mundo. Cualquiera puede almacenar su tiempo en este sistema perfectamente escaso y sin permisos.

Este gráfico muestra el precio de Bitcoin en dólares
estadounidenses desde 2015-2024 en una escala logarítmica:

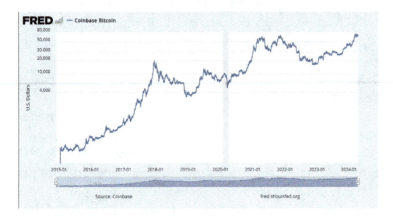

Figura 4.11 Fuente: Banco Federal de St. Louis[70]

Este gráfico muestra el poder adquisitivo del dólar
estadounidense entre 2015 y 2024 en una escala logarítmica:

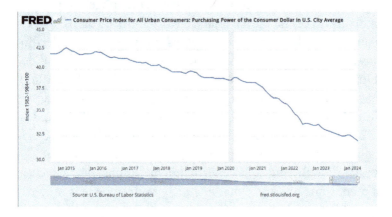

Figura 4.12 Fuente: Banco Federal de St. Louis[71]

FUD #4:
Bitcoin no tiene valor intrínseco.

El proceso de asignar valor a los objetos es
fundamentalmente subjetivo. Nosotros, como humanos,
utilizamos el dinero para cuantificar y clasificar las cosas que
valoramos. El concepto de "valor intrínseco" implica que los
objetos poseen un valor independientemente de la percepción
humana, como si un objeto pudiera ser valioso para una
persona incluso si esta no reconoce su valor. Esta noción es
ilógica. En última instancia, es el juicio humano el que asigna
valor.

Si alguien dice: "Está bien, pero Bitcoin no está
respaldado por nada". Para abordar esta pieza particular de
FUD, comencemos con el dólar. El dólar está "respaldado", o
más bien, impuesto, por la fuerza e influencia del ejército
estadounidense, junto con la guerra, la violencia, el
derramamiento de sangre y la destrucción que han sido
fundamentales para establecer los EE. UU. y su moneda en
sus formas actuales. Desde el Acuerdo de Bretton Woods
después de la Segunda Guerra Mundial, EE. UU. ha
mantenido su estatus como moneda de reserva global y ha
promovido el dólar en todo el mundo en muchas formas, en
particular a través del sistema del petrodólar. Originado en
1971, este sistema obligó a Arabia Saudita a fijar el precio del
petróleo en dólares y acumular deuda estadounidense. Esto,
por supuesto, condujo a un aumento en la demanda del dólar
y solidificó su posición en la economía global. El gobierno de
EE. UU. toma medidas contra las naciones que intentan
realizar transacciones petroleras en sus propias monedas, ya
que esto desafía el sistema del petrodólar y el dominio del
dólar estadounidense como moneda de reserva global. Alex
Gladstein, director de la Fundación de Derechos Humanos,

afirma lo siguiente en su artículo "Los Costos Ocultos del Petrodólar":

En 1971, la deuda estadounidense había crecido simplemente demasiado. Sólo 11.000 millones de dólares en oro respaldaban 24.000 millones de dólares en dólares. En agosto, el presidente francés Pompidou envió un acorazado a la ciudad de Nueva York para recoger las reservas de oro de su nación de la Reserva Federal, y los británicos pidieron a los EE.UU. que prepararan 3.000 millones de dólares en oro guardados en Fort Knox para su retirada. En un discurso televisado el 15 de agosto de 1971, el presidente Richard Nixon dijo al pueblo estadounidense que Estados Unidos ya no canjearía dólares por oro como parte de un plan que incluía congelamientos de salarios y precios y un recargo a las importaciones en un intento de salvar la economía. Nixon dijo que el cierre de la ventana del oro era temporal, pero pocas cosas son tan permanentes como las medidas temporales. Como resultado, el dólar se devaluó en más del 10% y el sistema de Bretton Woods dejó de existir. El mundo entró en una gran crisis financiera, aunque cuando se le preguntó sobre el impacto que el "Shock Nixon" tendría en las naciones extranjeras, Nixon dejó clara su posición: "No me importa una mierda la lira".[72]

Ese no es un sistema que quiero que "respalde" o "haga cumplir" mis Dinero. Pero, ¿realmente el dinero necesita estar respaldado por algo? ¿Necesita tener un valor de "utilidad"? La utilidad de un dinero puede contribuir a su adopción; por ejemplo, la sal, el tabaco y el oro han sido dineros en el pasado. Sin embargo, esta utilidad se vuelve innecesaria una vez que el artículo se establece como dinero.

Por ejemplo, si el oro perdiera todos sus usos industriales o de "utilidad" (como en la electrónica), pero conservase sus cualidades monetarias (ser escaso y duradero), su estatus y eficacia como dinero permanecerían inalterados. Entonces, ¿por qué Bitcoin necesita una utilidad o un "respaldo" más allá de ser simplemente dinero? No lo necesita. En todo caso, se puede argumentar que Bitcoin está "respaldado" o "aplicado" a escala global por más de 600 exahashes de potencia minera que realizan pruebas de trabajo, cientos de miles de nodos que ejecutan software de Bitcoin y su vasta base de usuarios. Bitcoin está respaldado por su red. Bitcoin está respaldado por código. Bitcoin está respaldado por matemáticas. Bitcoin está respaldado por energía.

En diciembre de 1921, el New York Tribune publicó un artículo sobre la visión de Henry Ford para el futuro del dinero titulado "Ford reemplazaría el oro con moneda energética y detendría las guerras". En él, Ford afirma:

> En el sistema monetario energético, el estándar sería una determinada cantidad de energía ejercida durante una hora, que equivaldría a un dólar. Se trata simplemente de pensar y calcular en términos distintos a los que nos impone el grupo bancario internacional al que nos hemos acostumbrado tanto que creemos que no existe otro estándar deseable.[73]

Ford predijo un dinero "respaldado" por la energía hace más de 100 años.

Unidad de Cuenta y Medio de Intercambio

Bitcoin es una excelente reserva de valor en comparación con todas las demás formas de dinero y ha aumentado su poder adquisitivo desde su creación. Muchos bitcoineros ya están usando bitcoin como unidad de cuenta. Por ejemplo, yo mido todo en bitcoin. Mi pensamiento es: "1 millón de satoshis valdrá mucho más dentro de cuatro años. Mientras que hace cuatro años, esa misma cantidad de satoshis solo podía comprar una cuarta parte de lo que pueden comprar hoy. ¿La casa que quiero? Será más barata en unos años cuando se cotice en bitcoin".

La primera transacción con bitcoins fue por dos pizzas de Papa John's en 2010. Costaban 10.000 bitcoins. Esos 10.000 bitcoins valen hoy más de 600 millones de dólares. Una pizza promedio cuesta hoy 25 dólares. Con esos bitcoins se podrían comprar más de 24 millones de pizzas.

La vida se vuelve más barata con el tiempo bajo el estándar Bitcoin. Una vez que estés en Bitcoin el tiempo suficiente y adquieras un conocimiento profundo, comenzarás a medir automáticamente todo en bitcoins. Comenzarás a "pensar" en bitcoins cuando veas que el poder adquisitivo de tu moneda fiduciaria se derrite en tu mano.

A medida que aumenta la adopción, bitcoin se utilizará con más frecuencia como medio de intercambio, convirtiéndose en un método preferido para realizar transacciones de bienes y servicios. A medida que las monedas fiduciarias se imprimen hasta colapsar, creo que el mundo cambiará gradualmente a un estándar Bitcoin.

"Bitcoin no tiene techo, porque el dólar no tiene fondo".

-Max Keiser

Bitcoin ya se utiliza como medio de intercambio de bienes y servicios y facilita los pagos transfronterizos sin inconvenientes. El crecimiento de la red Lightning en los últimos años ha sido exponencial, con un aumento del valor transmitido a través de la red y la aparición de cientos de empresas Lightning.

Estos son datos de una de esas empresas, River, una plataforma de intercambio de Bitcoin que ejecuta un nodo Lightning:

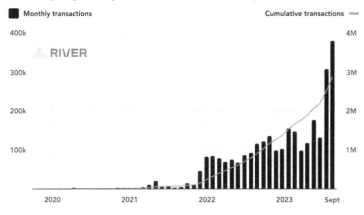

Figura 4.13 Fuente: Informe de investigación fluvial de octubre de 2023[74]

FUD #5:
¿No hay una moneda mejor?

Más del 99% de las demás criptomonedas están controladas de forma centralizada, lo que significa que los fundadores controlan y pueden modificar cualquier atributo de su moneda a lo largo del tiempo. Muchos proyectos de "criptomonedas" eran esquemas Ponzi de oferta inicial de monedas (ICO) que sirvieron como estrategias de bombeo y descarga para sus fundadores. Al aprovechar las tácticas de marketing, su estatus en las redes sociales y la contratación de personas influyentes, generan publicidad y "aumentan" el valor de una moneda, creando la liquidez de salida necesaria para "arrojar" sus monedas al mercado y ganar dinero rápido.[75,76] Luego, enjuagar y repetir. Este ciclo ha estado en curso desde 2017.

Hay algunas monedas que son bifurcaciones duras de Bitcoin, que utilizan partes de su código original, donde se podría argumentar que nadie las controla realmente. Sin embargo, carecen de efectos de red significativos. Muy pocas personas contribuyen realmente a estas redes en forma de tasa de hash o nodos en ejecución. Con recursos mínimos, uno podría dominar estas redes, haciéndolas vulnerables a los ataques. Esto se debe a que a estas monedas les faltan algunas propiedades importantes de Bitcoin. Por ejemplo, algunas han aumentado el tamaño de los bloques, lo que ha dado lugar a cadenas de bloques infladas que requieren un enorme espacio en el disco duro. Esto hace que la ejecución de un nodo sea inasequible para la mayoría, lo que compromete la descentralización y la seguridad. Algunas no tienen un límite de suministro fijo (como los 21 millones de Bitcoin), lo que permite una emisión infinita (inflación y devaluación), y aunque muchas afirman ofrecer transacciones más rápidas y baratas, innovaciones como la Lightning Network en Bitcoin han hecho que tales afirmaciones sean insignificantes.

Estos proyectos alternativos reflejan los defectos del sistema fiduciario actual en lugar de presentar una innovación genuina. Bitcoin es el único que se destaca como el verdadero avance, abordando y solucionando todos los problemas a la vez, en un solo sistema.

Bitcoin no apareció de la nada. Fue elaborado cuidadosamente utilizando 50 años de historia criptográfica para abordar todos los problemas sistémicos con el dinero digital y tradicional.

Todo lo que hace que Bitcoin funcione:

- El límite de suministro de 21 millones de monedas
- El cronograma de emisión de monedas: el subsidio por bloque se hace más pequeño con el tiempo, lo que provoca deflación en lugar de inflación en un proceso llamado "Halving".
- El ajuste de dificultad: garantizar que los bloques se encuentren en un promedio de 10 minutos, independientemente de la tasa de hash. A medida que aumenta la tasa de hash, también aumenta la dificultad para encontrar el número correcto. Si la tasa de hash disminuye, la dificultad se vuelve más fácil.
- El límite de tamaño de bloque para garantizar una participación de nodos fácil y asequible
- Minería de prueba de trabajo y consenso de red

Todo esto contribuye a hacer de Bitcoin un logro innovador.

Satoshi Nakamoto encontró ingeniosamente una forma de unir todo para crear una forma perfecta de dinero. Lo mejor fue que desapareció poco después del lanzamiento de Bitcoin y nunca más se supo de él. Él, ella o ellos sabían que permanecer anónimos y desaparecer eran cruciales para la supervivencia de Bitcoin como moneda descentralizada sin una autoridad central. El crecimiento y la distribución de monedas podrían entonces ocurrir orgánicamente al proporcionar trabajo a la red. Para obtener bitcoins, uno tenía que invertir en energía y ASIC para minarlos, o tenía que gastar dinero (tiempo) para comprarlos a otros. Esto contrasta con muchos proyectos "criptográficos" que acuñan y distribuyen tokens de la nada a sus fundadores, sin requerir ningún tipo de trabajo. Esto es similar a los gobiernos que imprimen moneda fiduciaria a voluntad, sin trabajo real ni creación de valor involucrado para justificar su emisión. En última instancia, tanto los proyectos "criptográficos" como las monedas fiduciarias conducen a una oferta monetaria inflada. Los que se encuentran más cerca de la fuente de dinero (ya sean fundadores o gobiernos) obtienen los mayores beneficios, a costa de devaluar la moneda para todos los demás, en esencia, robándoles su tiempo. La prueba de trabajo, el límite de suministro y la descentralización de Bitcoin resuelven esto.

Cualquier característica valiosa desarrollada por otras monedas podría integrarse en las capas superiores de Bitcoin, lo que garantiza que su capa base permanezca inalterada y segura. Por ejemplo, la red Lightning actúa como una segunda capa, lo que permite el desarrollo de aplicaciones de tercera capa sin comprometer la seguridad de la capa base de Bitcoin. Este enfoque refleja la estructura de Internet y nuestro sistema monetario, que enfatizan la escalabilidad a través de capas en lugar de sobrecargar una sola cadena de bloques con todas las funciones, un error común en muchos proyectos "criptográficos".

Bitcoin es la innovación. Bitcoin arregla el dinero.

El sesgo de unidad es un sesgo cognitivo en el que los individuos tienden a preferir una unidad completa de algo en lugar de una parte fraccionaria. Si alguien no entiende las propiedades fundamentales y el valor de Bitcoin en comparación con otras monedas, podría decir: "¿Por qué gastaría $70,000 en 1 bitcoin cuando puedo comprar 1000 monedas xyz por un centavo cada una?". Juzgan el valor en función de su precio por unidad en lugar de su valor de mercado, a menudo pasando por alto factores importantes como la oferta total, la capitalización de mercado y todas las propiedades que hacen que Bitcoin sea único. Esto los lleva a creer que "llegan tarde" a Bitcoin y que necesitan invertir en la próxima gran oportunidad. Una forma de evitar este pensamiento es denominar bitcoin en satoshis. "Puedo comprar 1500 satoshis por $1".

FUD #6:
Sólo los criminales usan Bitcoin.

Dato curioso: se ha demostrado que aproximadamente el 90% de los billetes de dólar en circulación en los EE. UU. contienen residuos de cocaína.[77,]
La Oficina de las Naciones Unidas contra la Droga y el Delito estima que cada año se blanquean ilegalmente hasta 2 billones de dólares en todo el mundo, o el 5% del suministro total de dinero mundial, y que más del 90% del lavado de dinero pasa desapercibido.[78,79]
En 2020, los bancos globales fueron multados con 10.400 millones de dólares por infracciones de lavado de dinero. Capital One encabezó la lista de bancos estadounidenses con una multa de 390 millones de dólares por no informar sobre una gran cantidad de transacciones sospechosas.[80]
En 2023, solo el 1% de Bitcoin y todas las demás criptomonedas combinadas, o alrededor de 22 mil millones de dólares, se enviaron desde direcciones ilícitas.[81] Esto sugiere que los delincuentes prefieren utilizar el sistema

bancario tradicional para sus operaciones ilegales.

¿Por qué Bitcoin es diferente? Bitcoin es un libro de contabilidad público. Cada transacción se registra en la cadena de bloques para que todos la vean. Esta transparencia fomenta un sistema de rendición de cuentas, que obliga a las personas, las instituciones financieras y los gobiernos a cumplir con un estándar más alto de honestidad. Cualquiera puede publicar su dirección para que el público la audite. Por ejemplo, el presidente de El Salvador, Nayib Bukele, publicó la dirección de reserva del tesoro de bitcoin del país en su cuenta de X.com para que el público la controle y audite.[82] Cualquiera puede ver la actividad y el saldo de las tenencias de bitcoin de El Salvador. Esta transparencia marca un cambio significativo con respecto a la práctica tradicional de confiar en que las instituciones financieras informen con precisión sus activos sin manipular las cifras. Una vez pública, cualquiera puede rastrear los pagos desde la dirección hasta sus destinos.

Cualquiera puede ser completamente transparente y auditable con Bitcoin. El libro mayor de Bitcoin es público, pero los detalles de quién realiza transacciones y a dónde se dirigen las transacciones permanecen confidenciales a menos que los usuarios finales hagan pública la dirección de su billetera principal. Además, los usuarios y las billeteras pueden generar nuevas direcciones para cada transacción para garantizar la privacidad. El nivel de transparencia depende de las preferencias de privacidad del usuario. Esto se aplica específicamente a las transacciones en la cadena principal de Bitcoin. Los pagos realizados en Lightning Network son aún más privados. De cara al futuro, es probable que las transacciones más grandes, como las que realizan los bancos o las bolsas de valores para consolidar las actividades diarias, o las que realizan los gobiernos para aumentar o gastar sus tesoros, o si alguien compra un coche o una casa, se produzcan en la cadena principal. La red Lightning es más adecuada y más rentable para los pagos más pequeños y cotidianos, que permanecen invisibles para el público.

En cambio, el sistema financiero actual es un sistema cerrado, que oculta las transacciones monetarias a la vista del público. Nadie puede ser verificablemente transparente, incluso si quisiera serlo. Esta ocultación facilita potencialmente las colaboraciones ilícitas entre delincuentes y banqueros en esquemas de lavado de dinero.

Además, Bitcoin es una herramienta, una forma de tecnología. Una tecnología no es inherentemente buena o mala; depende de cómo se utilice. Por ejemplo, los delincuentes utilizan teléfonos móviles. ¿Deberían prohibirse todos los teléfonos móviles? Los delincuentes utilizan Internet. ¿Debería prohibirse Internet? Y los coches: los delincuentes los utilizan para desplazarse. ¿Deberían prohibirse los coches? Por supuesto que no. El problema radica en las acciones delictivas, no en las herramientas que utilizan.

FUD #7:
El gobierno prohibirá Bitcoin.

Muchos países han intentado prohibir Bitcoin y han fracasado. China ha intentado prohibir Bitcoin en tres ocasiones diferentes.[83] Siempre vuelve más fuerte. La naturaleza global y descentralizada del código abierto de Bitcoin hace que sea prácticamente imposible implementar una prohibición geográfica. Si un gobierno intenta prohibir Bitcoin, los ciudadanos huirán a jurisdicciones más amigables. Al prohibir Bitcoin, una jurisdicción no solo pierde sus posibles beneficios monetarios, sino también los beneficios de segundo orden (como la producción de energía, la infraestructura y el equilibrio de la red). El resultado es una pérdida tanto de capital como de ciudadanos: una fuga de cerebros.

La prohibición minera de China en mayo de 2021 provocó que muchos mineros... para trasladarse a otras jurisdicciones, como Estados Unidos y Kazajstán. Poco después de la prohibición surgieron informes sobre varias operaciones de minería subterránea en China y, en septiembre de 2021, China había recuperado el 22 % del hashrate total de Bitcoin.[84]

Seis meses después de la prohibición, el hashrate se había recuperado completamente.

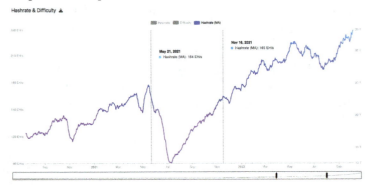

Figura 4.14 Fuente: mempool.space[85]

Adopción por parte de los Estados Nacionales

El Salvador se convirtió en el primer país en adoptar Bitcoin como moneda de curso legal en 2021. Tras esta medida, el país ha experimentado un crecimiento significativo del PIB, un aumento de sus calificaciones crediticias en 2023 (mientras que la calificación crediticia de Estados Unidos disminuyó) y un impulso sustancial del turismo.[86] El Salvador, que anteriormente dependía únicamente del dólar estadounidense como moneda y carecía de medios para controlar o beneficiarse de la impresión de dinero, encontró un nuevo camino a seguir. La propuesta inicial del proyecto de ley del presidente para convertir Bitcoin en moneda de curso legal establecía: "Para mitigar el impacto negativo de los bancos centrales, se hace necesario autorizar la circulación de una moneda digital con un suministro que no pueda ser controlado por ningún banco central y que solo se altere de acuerdo con criterios objetivos y calculables".[87]

El viaje y la progresión de El Salvador serán un caso de estudio intrigante sobre el futuro del dinero.

Adoptar un nuevo sistema monetario lleva tiempo. A medida que las monedas fiduciarias continúan inflándose y desapareciendo, la volatilidad es inevitable. Posicionarse con una moneda más dura y superior es crucial para retener su riqueza, su tiempo, al otro lado de un sistema monetario inflacionario.

"Los humanos nunca han podido poseer realmente nada antes de Bitcoin, porque todo lo demás está centralizado o es confiscable, o ambas cosas".

- Desconocido

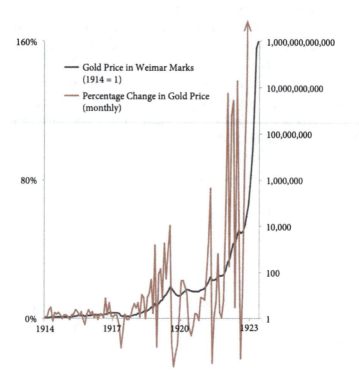

Figura 4.15 Fuente: @DylanLeclair, X.com[88]

Este gráfico muestra la volatilidad y la trayectoria exponencial de un evento hiperinflacionario en la República de Weimar en Alemania, siguiendo la moneda fiduciaria local, el marco de Weimar, contra el oro desde 1914 hasta 1923. El oro, la moneda más dura, muestra una volatilidad extrema hasta el inevitable colapso del marco. Al ampliar la imagen, es difícil ver estas violentas subidas y bajadas, solo el marco que se devalúa lentamente y luego colapsa repentinamente. Esta espiral hiperinflacionaria fue desencadenada por la excesiva impresión de dinero de Alemania en un intento de satisfacer las demandas de reparaciones de la Primera Guerra Mundial.

Afortunadamente, ahora tenemos una vía de escape: Bitcoin.

Bitcoin es un sistema de <u>reglas</u>, <u>no de gobernantes</u>.

Bitcoin *soluciona* las remesas y los pagos transfronterizos.
Bitcoin *soluciona* la inflación.
Bitcoin *soluciona* el almacenamiento del tiempo.
Bitcoin *soluciona* el corrupto sistema fiduciario.
Bitcoin *soluciona* el dinero.

Parte 3
El Futuro:
El Retorno del Dinero Sólido

En este mundo solo hay dos cosas absolutamente escasas:
el bitcoin y el tiempo.

¿Cómo sería volver a un sistema monetario sólido? ¿Qué
pasaría si no tuvieras que trabajar toda tu vida en un trabajo
que no te gusta para sobrevivir? ¿Qué pasaría si pudieras
trabajar duro, vivir por debajo de tus posibilidades y ahorrar
durante 10 años para liberarte de las limitaciones financieras y
dedicarte a tus pasiones? ¿Qué pasaría si pudiéramos crear
legados duraderos, construyendo cosas que pudieran
transmitirse de generación en generación? ¿Qué pasaría si
pudiéramos sacar a la gente de la pobreza extrema brindándoles
abundante energía, acceso a Internet y dinero justo? Echemos
un vistazo a un futuro potencial.

Capítulo 5

Lecciones

"Nuestra pasión por aprender... es nuestra herramienta para sobrevivir".

-Carl Sagan

E l nihilismo, la creencia de que la vida no tiene sentido y que no hay motivos para esperar un futuro mejor, es una perspectiva cada vez más común entre los jóvenes de hoy.[89,90] Sienten una sensación de desesperación y desapego, dudan de que el mundo pueda mejorar de lo que es ahora. A menudo no hacen planes, no se fijan metas ni se esfuerzan por construir nada significativo; en cambio, van a la deriva por la vida sin un propósito. Con un futuro que se está volviendo cada vez más caro, no importa cuánto trabajen, ven que nada parece estar a su alcance, lo que lleva a muchos simplemente a darse por vencidos. Esta generación se ha dado cuenta de que su dinero tiene poco valor mañana, lo que los lleva a entregarse a la gratificación inmediata hoy.[91,92] En China, los jóvenes frustrados han adoptado la cultura "Bai Lan", que significa "déjalo pudrir". Esta actitud refleja su negativa a esforzarse en algo porque no ven ningún propósito en hacerlo, lo que los lleva a renunciar a cualquier aspiración.[93] Un futuro sin esperanza puede atrapar a las personas en un estado de desesperación perpetua.

Los siguientes son algunos de los cambios que he notado en mí desde que me sumergí en el mundo de Bitcoin:

Ahorro y Responsabilidad Personal

Antes de sumergirme en Bitcoin, me consideraba una persona bastante responsable y competente en la gestión del dinero. Mirando hacia atrás, es honestamente increíble cuánto dinero desperdicié y las numerosas oportunidades que perdí para asegurar mi futuro financiero. Me faltaba la concentración que tengo hoy.

Bitcoin ha sido fundamental para enseñarme el valor del ahorro. Constantemente encuentro formas de trabajar de manera más inteligente, maximizando mis ingresos y reduciendo los gastos. Convierto cada dólar que me queda en bitcoin. Sé que cada satoshi que ahorro me acerca a mis metas futuras. Ver el crecimiento compuesto de mis ahorros y poder adquisitivo en bitcoin ha sido revelador.

Cada bitcoin que tengo es uno de los 21 millones finitos que existen, mientras que cada dólar que tengo es uno de un suministro infinito. Bitcoin es una moneda deflacionaria que permite que mi poder adquisitivo crezca con el tiempo. Prefiero poseer una parte de una oferta monetaria finita que tenga propiedades superiores que una parte de una oferta monetaria infinita con malas cualidades que disminuyan mi poder adquisitivo con el tiempo.

Ahora, evalúo cada compra no esencial para determinar si vale la pena sacrificar mi poder adquisitivo futuro gastándolo hoy en lugar de almacenarlo en bitcoin. "Podría comprar este café con leche por $7, o podría comprar $7 en sats". "Podría comprar un auto nuevo, o podría arreglármelas con mi viejo auto y poner la diferencia en bitcoin". "Podría comprar una casa cara, o podría elegir alquilar, vivir por debajo de mis posibilidades y comprar bitcoin con los ahorros". Debido a este cambio de percepción, bitcoin ha frenado en gran medida mis hábitos de consumo.

La capacidad de convertirme en autosoberano y custodiar

mi bitcoin sin depender de un tercero es una revelación profunda. Me pertenece únicamente a mí. Controlo las claves y soy directamente responsable de su custodia. Tengo la libertad de almacenar y transmitir valor, independientemente de dónde viva o de mi estatus en el mundo. Nadie puede crear más, controlarlo, desactivarlo o destruirlo, ni siquiera un colapso gubernamental. Puedo llevar y enviar mis bitcoins a cualquier parte del mundo. Puedo acceder a mis bitcoins desde cualquier computadora o teléfono inteligente en cualquier parte del mundo. Puedo memorizar 12 palabras y llevar mis bitcoins en mi cabeza. Es un dinero perfectamente diseñado, diferente a todo lo que vino antes. ¿Qué afortunados somos de presenciar esta notable transformación en la historia humana?

Preferencia Temporal

Bitcoin ha reducido mi preferencia temporal. Ahora pienso en términos de años, décadas y siglos, en lugar de minutos, horas y días. Pienso: "¿Qué cambios puedo hacer ahora para mejorar mi futuro? ¿Qué cambios puedo hacer ahora que ayudarán a mi yo de 80 años y al mundo en el que vive?"

La influencia de Bitcoin en mí se ha extendido más allá de las finanzas. Me anima a pensar en los aspectos más amplios de mi vida y ofrece una sensación de esperanza y optimismo para el futuro. Motivado por esto, ahora invierto en mi futuro comiendo más sano, haciendo ejercicio, participando en actividades que impactan positivamente al planeta, educando a la gente sobre Bitcoin y ahorrando en Bitcoin. Al dedicar tiempo y esfuerzo a estas prácticas, puedo ayudar a asegurar un mundo mejor para mi yo de 80 años, al mismo tiempo que me aseguro de que esté cerca para disfrutarlo. Ahora estoy construyendo para el futuro.

Bitcoin me ha devuelto mi tiempo. Ahora puedo guardar

los frutos de mi trabajo en un dinero finito, perfectamente diseñado que preservará mi tiempo a lo largo de mi vida. Me ha dado un futuro. Me ha dado libertad. Antes de Bitcoin, si no gastaba mi dinero relativamente rápido, ese tiempo comenzaba a desaparecer. Mi yo de 80 años apreciará ese tiempo. Mi yo de 50 años apreciará ese tiempo.

Capítulo 6

Esperanza para el Futuro

"Podría tener sentido simplemente comprar algo en caso de que se popularice".

-Satoshi Nakamoto sobre Bitcoin en 2009

Un Mundo Deflacionario

E s viernes por la noche en 2004 y acabas de comprar el último lanzamiento en DVD de Blockbuster. Esperas en la fila, le entregas el dinero al cajero, verificas que no tienes ningún cargo por demora y luego... ¡libertad! Conduces hasta casa y colocas ese bebé en el reproductor de DVD. Qué momento para estar vivo.

Cuánto ha cambiado el mundo.

Nuestros medios se digitalizaron. Los teléfonos inteligentes dominaron, surgieron las tiendas de aplicaciones, la transmisión de películas se convirtió en la norma. Nuestros libros, música, películas y programas pasaron a formatos digitales, accesibles desde cualquier dispositivo inteligente. El acceso a los medios se volvió instantáneo y los costos para acceder a ellos disminuyeron. Ahora podías pagar $15 al mes por una suscripción a Netflix y ver miles de películas sin siquiera salir de tu casa.

Ya no tienes el costo de hacer un DVD, empaquetarlo,

enviarlo a una tienda minorista o el costo de operar esa tienda. Además, el tiempo y los costos de viaje asociados con ir a la tienda para alquilar ese DVD, así como el viaje de regreso, ya no existen.

La tecnología aumenta la productividad. La productividad naturalmente hace que los precios caigan. Los libros que una vez llenaron una gran biblioteca ahora pueden caber en un iPad. Ya no tienes que imprimir, encuadernar o almacenar almacenes llenos de libros físicos. Las herramientas físicas como las brújulas o las calculadoras ahora pueden reemplazarse por aplicaciones gratuitas en tu teléfono.

Este ahorro de precios que trae la tecnología debería transmitirse completamente a la humanidad. Sin embargo, la naturaleza inflacionaria de nuestro sistema monetario está en desacuerdo con esta tendencia deflacionaria. A medida que aumenta la productividad, los precios deberían disminuir, reduciendo la necesidad de que las personas trabajen tan duro o tan a menudo como antes. La vida debería ser más barata y más fácil.

Sin embargo, la gente está luchando. Tienen dos o tres trabajos y apenas sobreviven. Están corriendo en una rueda de hámster que parece girar cada vez más rápido. No importa cuánto trabajen, la vida parece volverse cada vez más cara.

Bitcoin surge como un faro de esperanza en este escenario, ofreciendo un dinero deflacionario para el mundo deflacionario que trae la tecnología. Si guardáramos los frutos de nuestro trabajo en bitcoin, nuestro dinero reflejaría con mayor precisión nuestros avances en productividad, mejorando el poder adquisitivo y la calidad de vida general que brinda la tecnología.

¿No deberíamos tener un dinero que se alinee con las tendencias deflacionarias naturales del progreso tecnológico? ¿Y no debería nuestro dinero ser digital en esta nueva era digitalizada, ofreciendo acceso en cualquier momento y desde cualquier lugar, permitiendo transacciones instantáneas y sin fronteras? ¿Por qué necesitamos confiar en intermediarios como los gobiernos y los bancos para que sean nuestros "superventas"? ¿Por qué controlan el suministro de dinero? Bitcoin elimina a los intermediarios. Bitcoin es una tecnología que aumenta la productividad y devuelve el poder y el control a las manos del usuario.

"Las monedas perdidas solo hacen que las monedas de los demás valgan un poco más. Piense en ello como una donación para todos".

- Satoshi Nakamoto

Un Mundo en Paz

Durante la mayor parte de mi vida, Estados Unidos ha estado en guerra. Para financiar estos conflictos, el gobierno ha aumentado la impresión de dinero, tanto a nivel nacional como en el extranjero. Esta impresión no solo aumenta la inflación, sino que devalúa las deudas del gobierno, ya que la erosión del poder adquisitivo hace que estas deudas valgan menos con el tiempo. A medida que el poder adquisitivo disminuye, también lo hacen las deudas gubernamentales, creando un ciclo interminable de financiación de guerras mediante la impresión de dinero y la devaluación de la deuda.

En el pasado, el gobierno emitía bonos de guerra para recaudar fondos, confiando en el apoyo financiero voluntario de sus ciudadanos. Ahora, es más fácil simplemente imprimir dinero y pasar por alto a los ciudadanos directamente. Esto roba lentamente a los ciudadanos su poder adquisitivo con el tiempo sin que muchos de ellos se den cuenta o se den cuenta de por qué su dinero vale menos.

La adopción de una moneda que no se puede imprimir de la nada podría desincentivar guerras futuras. Sin la capacidad de imprimir más dinero, financiar una guerra se vuelve un desafío. Se necesitaría el consentimiento de los ciudadanos para destinar su dinero, su tiempo almacenado, a la guerra.

Eliminar el acceso a la impresora de dinero podría reducir la corrupción gubernamental en todo el mundo. Tanto los gobiernos como los individuos estarían sujetos a las mismas reglas que todos los demás. Bitcoin nivela el campo de juego al aplicar las mismas reglas a todos los participantes, sin ninguna ventaja injusta. Con Bitcoin, te comprometes con un sistema en el que gastar más allá de tus posibilidades resulta en una pérdida personal directa de riqueza. No hay rescates. No hay ninguna impresora de dinero que te vaya a salvar. Esto crea un entorno en el que todos son responsables de sus propias decisiones y acciones. Es un campo de juego justo: un sistema de reglas, no de gobernantes.

Un Mundo Próspero

Durante el Renacimiento en Europa, una era próspera bajo el patrón oro, la sociedad adoptó una filosofía de construir cosas para que duren. Los artistas crearon minuciosamente esculturas de mármol y obras de arte que tardaron décadas, obras maestras que todavía podemos disfrutar hoy. Se construyeron hermosos edificios de piedra sólida que han resistido el paso del tiempo. La gente tenía una preferencia temporal menor y planificaba meticulosamente estos proyectos para garantizar que las generaciones futuras pudieran apreciar su trabajo.

Tal vez Bitcoin pueda devolvernos a una época en la que construíamos cosas que duraban. Muchas cosas en la sociedad actual están construidas para la obsolescencia funcional en lugar de la longevidad, la calidad y la capacidad de reparación. Con la estabilidad de tener dinero sólido, tenemos la libertad de alejarnos de la rutina diaria y perseguir nuestras pasiones. Finalmente podemos bajar de esa rueda de hámster. Podemos reducir nuestra preferencia temporal, invirtiendo tiempo y esfuerzo en nuestros proyectos con paciencia y previsión, asegurando que lo que construimos no solo dure, sino que también mejore la vida de nosotros mismos y de las generaciones futuras.

Bitcoin también tiene el potencial de fomentar una era de abundancia energética, sacando a la gente de la pobreza extrema, expandiendo el acceso a Internet y extendiendo la expectativa de vida. Bitcoin monetiza la construcción de infraestructura de red eléctrica y recursos renovables, reduciendo nuestra dependencia de combustibles fósiles.

La abundancia de energía por sí sola puede hacernos regresar a una era de construcción de cosas que duran. En todo caso, Bitcoin puede ayudar a asegurar una infraestructura más confiable y un futuro más abundante y ambientalmente sostenible para nuestro planeta.

Teoría de Juegos

A medida que la sociedad avanza, adoptar nuevas tecnologías se vuelve no solo útil sino crucial para nuestra supervivencia y éxito. El mensaje a lo largo de la historia ha sido claro: adopta la tecnología o te quedarás atrás. Las transiciones históricas, como el cambio de los arcos tradicionales a las armas de fuego, de la luz de las velas a la electricidad, de los caballos a los automóviles, del correo tradicional al correo electrónico y de las líneas fijas a los teléfonos celulares, ilustran la trayectoria inevitable hacia tecnologías más eficientes y capaces.

Daily Mail, 5 de diciembre de 2000:

Figura 6.1 Fuente: Daily Mail[94]

Internet representa un gran salto en esta progresión, ya que ofrece infinitas oportunidades de conocimiento, conectividad y crecimiento económico. Quienes se resisten o demoran la adopción de estos avances no solo ponen en peligro su propio éxito, sino que también corren el riesgo de quedar marginados en un mundo que avanza rápidamente. No se trata de descartar lo viejo en aras de lo nuevo, sino de adoptar tecnologías que abren posibilidades increíbles de progreso y bienestar. La elección es clara: adaptarse o arriesgarse a quedarse atrás.

En el mundo actual, la adopción de Bitcoin ofrece a las personas y a las naciones ventajas sustanciales sobre los sistemas monetarios tradicionales. Los primeros en adoptar esta tecnología se beneficiarán desproporcionadamente en comparación con los últimos, de manera similar a la ventaja que obtuvieron los primeros en adoptar armas de fuego sobre los que se aferraron a las flechas. Si adopta Bitcoin antes, puede cambiar sus monedas fiduciarias en depreciación por una forma superior de dinero que se aprecia con el tiempo. Bitcoin no solo aumenta su poder adquisitivo, sino que también le permite disfrutar de todos los beneficios directos e indirectos que se analizan a lo largo de este libro.

Luchar contra las nuevas tecnologías siempre ha sido una estrategia perdedora. Al menos desde un punto de vista financiero, lo mejor para uno es participar en nuevas redes y tecnologías en lugar de atacarlas. La teoría de juegos sugiere que participar en la red Bitcoin está en línea con los mejores intereses de la humanidad, guiándonos hacia un mundo más justo y próspero.

Bitcoin es Esperanza.

Reflexiones Finales

Bitcoin abarca una amplia gama de campos, incluidos Historia, economía, teoría de juegos, informática, psicología, energía, matemáticas, física, redes, geopolítica, derechos humanos, sociología y finanzas. He aprendido más estudiando Bitcoin en los últimos cuatro años que en todos mis años de escolaridad juntos. Te animo a que te sumerjas más en Bitcoin y sigas su filosofía: "No confíes, verifica". Mientras te embarcas en tu viaje con Bitcoin, espero que este libro te haya proporcionado una base sólida y haya despertado tu curiosidad para explorar más.

Te deseo lo mejor en tu viaje por la madriguera del conejo de Bitcoin.

Continúe por la madriguera del conejo:
BitcoinLearn.org

Notas Finales

Se accedió a todos los sitios web en abril de 2024.

[1] "Money Transfer Fees." *Western Union*. Last modified March 11, 2021. https://www.westernunion.com/blog/en/us-money-transfer-fees/.

[2] "Price Estimator," *Western Union*. https://www.westernunion.com/us/en/send-money/app/price-estimator/.

[3] Strike. https://strike.me.

[4] "Western Union (WU) - Revenue." *Companies Market Cap*. https://companiesmarketcap.com/western-union/revenue/.

[5] A Web Analysis, "Convert Satoshi to USD Dollar and USD to Satoshi." https://awebanalysis.com/en/convert-satoshi-to-dollar-usd/.

[6] "Bitcoin Network Hashrate Hits All-Time High After China Crypto Ban." *CNBC*. Last modified December 10, 2021. https://www.cnbc.com/2021/12/10/bitcoin-network-hashrate-hits-all-time-high-after-china-crypto-ban.html#:~:text=But%20after%20Beijing%20effectively%20banished,about%20113%25%20in%20five%20months.

[7] Carter, N. "Go West, Bitcoin: Unpacking the Great Hashrate Migration." *CoinDesk*. June 22, 2021. https://www.coindesk.com/policy/2021/06/22/go-west-bitcoin-unpacking-the-great-hashrate-migration/.

[8] "Mining Hashrate and Difficulty Graphs." *Mempool.Space*. https://mempool.space/graphs/mining/hashrate-difficulty#all.

[9] "Climate Warming Likely to Cause Large Increases in Wetland Methane Emissions." *U.S. Geological Survey*. March 2, 2023. https://www.usgs.gov/news/featured-story/climate-warming-likely-cause-large-increases-wetland-methane-emissions .

[10] "Abandoned Oil & Gas Wells." *SciLine*. November 30, 2023. https://www.sciline.org/environment-energy/abandoned-oil-gas-wells/.

[11] Goldstein, J. "New Study Confirms Flaring is a Nationwide Problem Requiring Urgent Action." Environmental Defense Fund. September 30, 2022. https://blogs.edf.org/energyexchange/2022/09/30/new-study-confirms-flaring-is-a-nationwide-problem-requiring-urgent-action/ .

[12] "Inefficient and unlit natural gas flares both emit large quantities of methane." *Science*. September 29, 2022. https://www.science.org/doi/10.1126/science.abq0385 .

[13] "Vehicle Ownership in Los Angeles County." *Los Angeles Almanac*. https://www.laalmanac.com/transport/tr02.php.

[14] MIT Climate Portal Writing Team. "How Much Does Natural Gas Contribute to Climate Change Through CO2 Emissions When the Fuel is Burned?" *MIT Climate Portal*. July 17, 2023. https://climate.mit.edu/ask-mit/how-much-does-natural-gas-contribute-climate-change-through-co2-emissions-when-fuel-burned .

[15] "Car Ownership Statistics." *MoneyGeek*. Last updated March 1, 2024. https://www.moneygeek.com/insurance/auto/car-ownership-statistics/.

[16] "Basic Information about Landfill Gas." *U.S. Environmental Protection Agency*. Last updated March 22, 2024. https://www.epa.gov/lmop/basic-information-about-landfill-gas.

[17] Volcovici, V. "Aerial Surveys Show US Landfills are Major Source of Methane Emissions." Reuters. March 28, 2024. https://www.reuters.com/world/us/aerial-surveys-show-us-landfills-are-major-source-methane-emissions-2024-03-28/.

[18] "Landfill Methane Regulations Workshop." *California Air Resources Board*. May 18, 2023. https://ww2.arb.ca.gov/sites/default/files/2023-05/LMR-workshop_05-18-2023.pdf.

[19] Mellerud, J., & Helseth, A. "Bitcoin Mining Using Stranded Natural Gas is the Most Cost-Effective Way to Reduce Emissions." K33.com. September 5, 2022. https://k33.com/research/archive/articles/bitcoin-mining-using-stranded-natural-gas-is-the-most-cost-effective-way-to.

[20] Dergigi. "How Bitcoin Mining Can Transform the Energy Industry." September 3, 2022. https://dergigi.com/assets/files/2022-09-03-arcane-research-how-bitcoin-mining-can-transform-the-energy-industry.pdf.

[21] Hengevoss, D. "Waste-to-energy options in municipal solid waste management. A guide for decision makers in developing and emerging countries." May 2017. https://www.researchgate.net/publication/317427399_Waste-to-energy_options_in_municipal_solid_waste_management_A_guide_for_decision_makers_in_developing_and_emerging_countries .

[22] "Crypto-Assets and Climate Report." *Executive Office of the President*. September 2022. Accessed at https://www.whitehouse.gov/wp-content/uploads/2022/09/09-2022-Crypto-Assets-and-Climate-Report.pdf .

[23] Gridless. "At the Frontier of Bitcoin Mining in Africa." Gridless Compute. Last updated 2024. https://gridlesscompute.com.

[24] "This chocolate factory is powered by a net-zero bitcoin mine." *World Economic Forum*. Last updated 2024. https://www.weforum.org/videos/bitcoin-mine-power/.

25 Jackson, R. B., Ahlström, A., Hugelius, G., Wang, C., Porporato, A., Ramaswami, A., Roy, J., & Yin, J. "Human well-being and per capita energy use." April 12, 2022. Ecosphere, 13(4), e3978. https://esajournals.onlinelibrary.wiley.com/doi/10.1002/ecs2.3978.

26 "Energy Use Per Person vs. GDP Per Capita." *Our World in Data*. 2021. https://ourworldindata.org/grapher/energy-use-per-person-vs-gdp-per-capita .

27 "Access to Electricity." IAE. https://www.iea.org/reports/sdg7-data-and-projections/access-to-electricity.

28 "2021 Texas Power Crisis." *Wikipedia*. https://en.wikipedia.org/wiki/2021_Texas_power_crisis.

29 Vu, K., & Foxhall, E. "Why Can't More Texans Profit Like Bitcoin Miners for Using Less Power?" *The Texas Tribune*. January 3, 2024. https://www.texastribune.org/2024/01/03/texas-bitcoin-profit-electricity/.

30 "Riot Showcases Demand Response Strategy: Bitcoin Mining's Role in Strengthening Texas Energy Grid." *Bitcoin News*. https://news.bitcoin.com/riot-showcases-demand-response-strategy-bitcoin-minings-role-in-strengthening-texas-energy-grid.

31 "Bitcoin Mining: Riot Uses 'Demand Response' Strategy in Texas and Receives $31.7 Million in Energy Credits." *Cryptonomist*. September 8, 2023. https://en.cryptonomist.ch/2023/09/08/bitcoin-mining-riot-demand-response-strategy/.

32 Level39 [@level39]. (2022, July 16). [Tweet]. Twitter. https://twitter.com/level39/status/1548550264218583040?lang=en.

33 "Bitcoin Mining Council Survey Confirms Year on Year Improvements in Sustainable Power and Technological Efficiency in H1-2023." *Bitcoin Mining Council.* August 9, 2023. https://bitcoinminingcouncil.com/bitcoin-mining-council-survey-confirms-year-on-year-improvements-in-sustainable-power-and-technological-efficiency-in-h1-2023/.

34 "Bitcoin Mining Council Survey: Improvements in Sustainable Power and Technological Efficiency in H1-2023." Bitcoin Mining Council. August 2023. https://bitcoinminingcouncil.com/wp-content/uploads/2023/08/BMC-H1-2023-Presentation.pdf.

35 "These dirty power plants cost billions and only operate in summer. Can they be replaced?" *Grist.* May 8, 2020. https://grist.org/justice/these-dirty-power-plants-cost-billions-and-only-operate-in-summer-can-they-be-replaced/.

36 HodlRev. [@HodlRev]. (2024, February 23). [Tweet]. Twitter. https://twitter.com/HodlRev/status/1760998502161666259.

37 HodlRev. [@HodlRev]. (2023, July 19). [Tweet]. Twitter. https://twitter.com/HodlRev/status/1681835542109888512?ref_src=twsrc%5Etfw%7Ctwcamp%5Etweetembed%7Ctwterm%5E1681835542109888512%7Ctwgr%5E72f487916da4c4bbaf2f44d045c41c899f08b7fe%7Ctwcon%5Es1_&ref_url=https%3A%2F%2Fblockworks.co%2Fnews%2Fbitcoin-mining-drying-laundry.

38 "Sustainable Bitcoin Miner Uses Waste Heat to Dry Wood." *CoinTelegraph.* https://cointelegraph.com/news/sustainable-bitcoin-miner-uses-waste-heat-to-dry-wood.

39 "7 Wild Bitcoin Mining Rigs." *CoinDesk.* March 24, 2022. https://www.coindesk.com/layer2/2022/03/24/7-wild-bitcoin-mining-rigs.

40 HodlRev. [@HodlRev]. (2023, April 10). [Tweet]. Twitter. https://twitter.com/HodlRev/status/1760998502161666259.

41 Ahmad, Z., & Conway, T. "Floodplain reclamation leads to loss of wetland ecosystem services." Ecosphere, 13(3), e03978. Ecological Society of America. 2022. https://esajournals.onlinelibrary.wiley.com/doi/10.1002/ecs2.3978.

42 Rybarczyk, R., Armstrong, D., & Fabiano, A. "On Bitcoin's Energy Consumption: A Quantitative Approach to a Subjective Question." *Galaxy Digital Mining*. May 2021. https://docsend.com/view/adwmdeeyfvqwecj2.

43 "Andreas Antonopoulos - 51% Bitcoin Attack." Video. Posted by "Rodolfo Díaz," YouTube. April 25, 2015. https://www.youtube.com/watch?v=ncPyMUfNyVM.

44 "ASIC Bitcoin Mining Hardware Market." *Business Research Insights*. April 1, 2024. https://www.businessresearchinsights.com/market-reports/asic-bitcoin-mining-hardware-market-109497.

45 Vivek. [@Vivek4real_]. (2024, April 6). [Tweet]. Twitter. https://x.com/Vivek4real_/status/1780911539127476547.

46 "The Time for Democracy Is Now." *Human Rights Foundation*. September 15, 2022. https://hrf.org/the-time-for-democracy-is-now/.

47 Gladstein, Alex. *Check Your Financial Privilege*. BTC Media, LLC, 2022, p. 4.

48 "Interactive Executive Summary Visualization." World Bank. 2021. https://www.worldbank.org/en/publication/globalfindex/interactive-executive-summary-visualization.

49 Gladstein, Alex. "Bitcoin Financial Freedom in Afghanistan." *Bitcoin Magazine*. Last modified August 23, 2021. https://bitcoinmagazine.com/culture/bitcoin-financial-freedom-in-afghanistan.

[50] "The Ultimate Bitcoin Use Cases with Alex Gladstein." Posted by *What Bitcoin Did*. YouTube. April 8, 2024. https://www.youtube.com/watch?v=TI3Xcei8d_I.

[51] "Remittances." *Migration Data Portal*. https://www.migrationdataportal.org/themes/remittances.

[52] "2012–2013 Cypriot Financial Crisis." Wikipedia. https://en.wikipedia.org/wiki/2012%E2%80%932013_Cypriot_financial_crisis.

[53] "Depositors in two Cypriot banks have lost a significant amount of money due to a banking crisis linked to the east Mediterranean island." Reuters. https://www.reuters.com/article/idUSKBN1K323Z/#:~:text=Depositors%20in%20two%20Cypriot%20banks,to%20the%20east%20Mediterranean%20island.

[54] Gladstein, Alex. *Check Your Financial Privilege*. BTC Media, LLC, 2022, p. 10.

[55] Gladstein, Alex. *Check Your Financial Privilege*. BTC Media, LLC, 2022, p. 4.

[56] "Consumer Price Index for All Urban Consumers: Rent of Primary Residence." *Federal Reserve Bank of St. Louis*. https://fred.stlouisfed.org/series/CUUR0000SA0R.

[57] "M2 Money Stock." *Federal Reserve Bank of St. Louis*. https://fred.stlouisfed.org/series/M2SL.

[58] "DataMapper: Inflation Rate, Average Consumer Prices." *International Monetary Fund*. https://www.imf.org/external/datamapper/PCPIPCH@WEO/WEOWORLD/VEN.

[59] "Lebanon's Fragile Economy Pulled Back into Recession." *World Bank*. https://www.worldbank.org/en/news/press-release/2023/12/21/lebanon-s-fragile-economy-pulled-back-into-recession

[60] KobeissiLetter. [@KobeissiLetter]. (2024, March 27). [Tweet]. Twitter. https://twitter.com/KobeissiLetter/status/1772962595126878402.

[61] "Median Sales Price of Houses Sold for the United States." *Federal Reserve Bank of St. Louis.* https://fred.stlouisfed.org/series/MSPUS.

[62] "NASDAQ Composite Index." *Federal Reserve Bank of St. Louis.* https://fred.stlouisfed.org/series/NASDAQCOM.

[63] "Corporate Profits After Tax (without IVA and CCAdj)." *Federal Reserve Bank of St. Louis.* https://fred.stlouisfed.org/series/CP.

[64] U.S. Debt Clock.org. (2024). https://www.usdebtclock.org/.

[65] "A Peek Inside Fort Knox: The Most Heavily Guarded Military Base." MyBaseGuide. 2024. https://mybaseguide.com/inside-fort-knox.

[66] "Series of 1928 (United States Currency)." *Wikipedia.* April 14, 2024. https://en.wikipedia.org/wiki/Series_of_1928_(United_States_Currency).

[67] "Persistence of slave labor exposes lawlessness of Amazon gold mines." *Mongabay.* March 4, 2021. https://news.mongabay.com/2021/03/persistence-of-slave-labor-exposes-lawlessness-of-amazon-gold-mines/.

[68] Duke Today Staff. "New CFO Survey: More Than 80 Percent of Firms Say They've Been Hacked." *Duke Today.* June 5, 2015. https://today.duke.edu/2015/06/cfohacking.

[69] "Hackers Attack Every 39 Seconds." *Security Magazine.* February 10, 2017. https://www.securitymagazine.com/articles/87787-hackers-attack-every-39-seconds.

[70] "Coinbase Bitcoin." *Federal Reserve Bank of St. Louis.* https://fred.stlouisfed.org/series/CBBTCUSD.

[71] "Consumer Price Index for All Urban Consumers: Purchasing Power of the Consumer Dollar in U.S. City Average (CUUR0000SA0R)." *Federal Reserve Bank of St. Louis*. https://fred.stlouisfed.org/series/CUUR0000SA0R.

[72] Gladstein, Alex. "UNCOVERING THE HIDDEN COSTS OF THE PETRODOLLAR: The world's reserve currency relies on oil, dictators, inequality and the military-industrial complex. But a Bitcoin standard could change this." *Bitcoin Magazine*. Original: April 28, 2021. Updated: September 21, 2021. https://bitcoinmagazine.com/culture/the-hidden-costs-of-the-petrodollar.

[73] "100 years ago, Henry Ford proposed 'energy currency' to replace gold." *Cointelegraph*. September 18, 2021. https://cointelegraph.com/news/100-years-ago-henry-ford-proposed-energy-currency-to-replace-gold.

[74] "The Lightning Network Grew by 1212% in 2 Years: Why It's Time to Pay Attention." *River Financial*. October 2023. https://river.com/learn/files/river-lightning-report-2023.pdf.

[75] Norlund, Chris. "How Social Media Influencers Fed Bankman-Fried's Cult of Personality." *CoinDesk*. January 18, 2023. https://www.coindesk.com/consensus-magazine/2023/01/18/how-social-media-influencers-fed-bankman-frieds-cult-of-personality/.

[76] Knight, Oliver. "US SEC Charges Kim Kardashian for Promoting EthereumMax." CoinDesk. Published October 3, 2022. Updated May 11, 2023. https://www.coindesk.com/business/2022/10/03/us-sec-charges-kim-kardashian-for-promoting-ethereummax/.

77 "Dickinson College Chemistry Class Explores the Presence of Drug Residue on U.S. Currency." *Dickinson College.* https://www.dickinson.edu/news/article/3193/dickinson_college_chemistry_class_explores_the_presence_of_drug_residue_on_us_currency#:~:text=Here's%20a%20startling%20fact%3A%20Roughly,shown%20to%20contain%20cocaine%20residue.

78 "Overview of Money Laundering." *United Nations Office on Drugs and Crime (UNODC).* https://www.unodc.org/unodc/en/money-laundering/overview.html.

79 Kolmar, Chris. "Money Laundering Statistics." *Zippia.* March 29, 2023. https://www.zippia.com/advice/money-laundering-statistics/.

80 "The War Against Money Laundering Is Being Lost." *The Economist.* April 12, 2021. https://www.economist.com/finance-and-economics/2021/04/12/the-war-against-money-laundering-is-being-lost.

81 "2024 Crypto Money Laundering." *Chainalysis.* https://www.chainalysis.com/blog/2024-crypto-money-laundering/.

82 Bukele, N. [@nayibbukele]. (2024, March 14). [Tweet]. X. https://x.com/nayibbukele/status/1768425845163503738.

83 Parker, Emily. (2024). "China Never Completely Banned Crypto." *CoinDesk.* Published February 5, 2024. Updated March 8, 2024. https://www.coindesk.com/consensus-magazine/2024/02/05/china-never-completely-banned-crypto/.

84 Browne, Ryan. "Bitcoin production roars back in China despite Beijing's ban on crypto mining." *CNBC.* May 18, 2022. https://www.cnbc.com/2022/05/18/china-is-second-biggest-bitcoin-mining-hub-as-miners-go-underground.html.

85 "Graphs - Hashrate and Difficulty." *Mempool.* https://mempool.space/graphs/mining/hashrate-difficulty#all.

86 "El Salvador Emerges as the Fastest-Growing Tourism Destination in Latin America." *El Salvador in English.* February 21, 2024. https://elsalvadorinenglish.com/2024/02/21/el-salvador-emerges-as-the-fastest-growing-tourism-destination-in-latin-america/.

87 Bukele, N. [@nayibbukele]. (2021, June 5). [Tweet]. Twitter. https://twitter.com/nayibbukele/status/1401327906178191366.

88 LeClair, D. (2021, May 24). [Tweet]. Twitter. https://x.com/dylanleclair_/status/1396518689177063429?s=46&t=ik35cjZcPlRTrbHDfsTz-w.

89 Hess, Abigail Johnson. "51% of Young Americans Say They Feel Down, Depressed, or Hopeless." *CNBC.* May 10, 2021. https://www.cnbc.com/2021/05/10/51percent-of-young-americans-say-they-feel-down-depressed-or-hopeless.html.

90 Webb, Charles Harper, Ph.D. "Increase in Nihilism Plays Havoc on Mental Health." *Psychology Today.* August 2022. https://www.psychologytoday.com/us/blog/drawing-the-curtains-back/202208/increase-in-nihilism-plays-havoc-mental-health.

91 Mena, Bryan. "Young Americans Giving Up Owning a Home." *CNN.* February 3, 2024. https://www.cnn.com/2024/02/03/economy/young-americans-giving-up-owning-a-home/index.html.

92 Strachan, Maxwell. "Teens Are Developing Severe Gambling Problems as Online Betting Surges." *Vice.* October 11, 2023. https://www.vice.com/en/article/4a37mp/teens-are-developing-severe-gambling-problems-as-online-betting-surges.

[93] "China youth reject hustle culture, face unemployment, economic uncertainty." *CNBC*. September 16, 2022. https://www.cnbc.com/2022/09/16/china-youth-reject-hustle-culture-face-unemployment-economic-uncertainty.html.

[94] Chapman, J. "Internet 'may be just a passing fad as millions give up on it.'" *Daily Mail*. December 5, 2000, p. 33.